GIACOMO C.

GESAMTAUSGABE | BAND 6

GOLDLÖCKCHEN

JEAN DUFAUX
✣ ZEICHNUNGEN GRIFFO ✣

Band 6 der Gesamtausgabe von GIACOMO C.
enthält die Alben »Goldlöckchen« (»Boucle d'or«, 2004) und
»Die Maus in der Falle« (»La chanson des guénilles«, 2005) sowie
diverse Ergänzungen und Illustrationen.

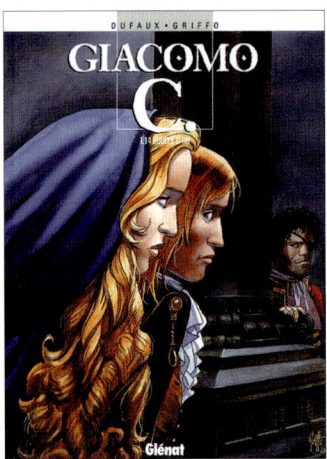 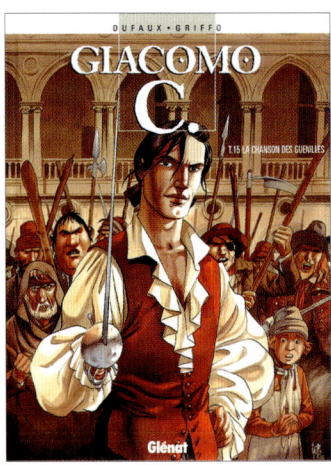

1. und einzige Auflage 2019
Die Gesamtausgabe von GIACOMO C. ist limitiert auf 1000 Exemplare.
comicplus+ · Verlag Sackmann und Hörndl · Leipzig 2019
Aus dem Französischen von Eckart Sackmann
GIACOMO C.
Copyright © 2015 by Editions Glénat
Druck: Westermann Druck Zwickau
Alle Rechte vorbehalten
ISBN 978-3-89474-311-6

Alles über unser Verlagsprogramm erfahren Sie unter
www.comicplus.de

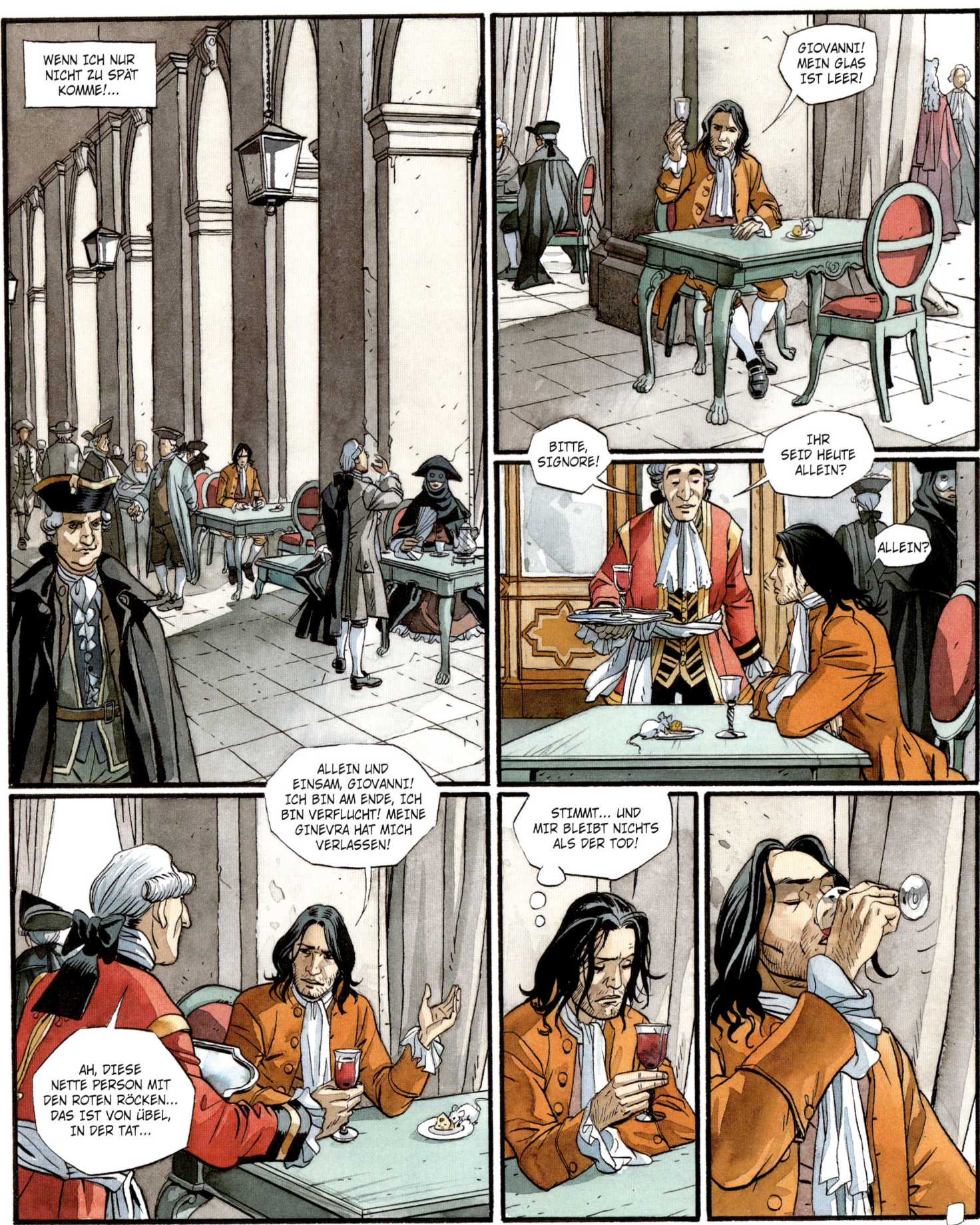

* SIEHE KAPITEL 4: "SEINE EXZELLENZ"

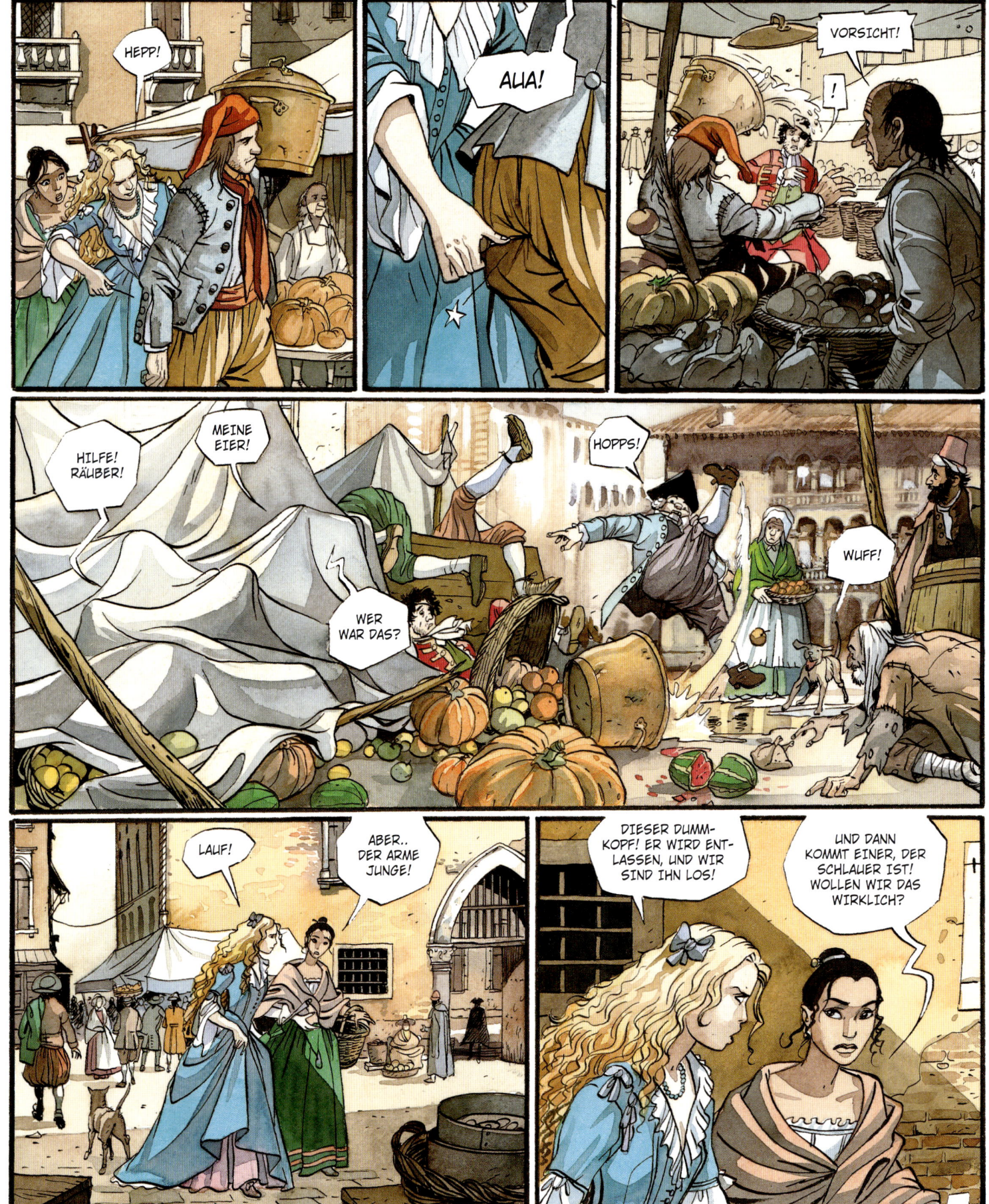

DAS HABE ICH MIR SCHON GEDACHT. WIR WERDEN SEINE PLÄNE DURCHKREUZEN.
INDEM IHR MICH GEFANGENHALTET?
NUR FÜR EIN PAAR TAGE, SIGNORINA. EUER VATER LIEBT EUCH. ER WIRD NICHT ZÖGERN...
UND FABRIZZI? WEISS ER, WO ICH BIN?
ALLES ZU SEINER ZEIT, SIGNORINA. JETZT KONZENTRIEREN WIR UNS ERST MAL AUF DAS LÖSEGELD.
UND WIR WARTEN AB, WIE SIGNOR DEL POGGIO REAGIERT.
HEFTIG, DENKE ICH...
DIE BURSCHEN, DIE AUF SIE ACHT HABEN SOLLTEN, WO SIND DIE?
ICH HABE SIE WEGGEJAGT!
UND DU? WARUM WARST DU NICHT BEI DEINER HERRIN?
SIE HATTE MIR FREI GEGEBEN. ICH WAR AUF MEINER KAMMER.
ALLEIN?

JA... JA!
SIE LÜGT!
NUR... NUR DIE RUHE, MEIN LIEBER MATTEO! IHR WERDET MEINE KLEINE FLAVIA WIEDERSEHEN. ICH ZAHLE DAS LÖSEGELD UND...
ZAHLEN!? DU VERDAMMTER IDIOT! WAS INTERESSIERT MICH DENN DEINE TOCHTER, WENN DU VORHER DAS GANZE GELD VERSCHLEUDERST!?
OH!
ICH MACHE MIR GERN DIE HÄNDE SCHMUTZIG... ABER DIE SACHE MUSS ES WERT SEIN! IN GOLD!
!
ICH KÜMMERE MICH UM DIE ANGELEGENHEIT, MEINE EHRE STEHT AUF DEM SPIEL.
IHR UNTERNEHMT ERST EINMAL GAR NICHTS! ABER UNTERRICHTET MICH, WENN DIE ENTFÜHRER SICH MELDEN!
HERRJE, FILUMENA, DIESER MANN IST EIN UNGEHEUER! UND DEM WOLLTE ICH MEIN ARMES KIND ANVERTRAUEN!

WIR KÖNNEN NICHT EINFACH STILL-HALTEN... FLAVIA HAT DIR DOCH IMMER ALLES AN-VERTRAUT. HAST DU DENN GAR KEINE IDEE, WAS IHR PASSIERT SEIN KÖNNTE?
ICH...
IHR SOLLT DIE WAHRHEIT ER-FAHREN, SIGNOR MOKKA! FLAVIA HASST DIESEN DEL POGGIO. SIE LIEBT EINEN ANDEREN.
EINEN ANDEREN! UND... UND WEN?
DAS WEISS ICH NICHT! ICH KANN NUR RATEN... MEINE HERRIN WOLLTE, DASS ICH EINEN IHRER BEWACHER ABLENKE. HIMMEL, IHR AHNT NICHT, WAS SIE DA VON MIR VERLANGTE! WENN ICH DARAN DENKE, ZITTERN MIR IMMER NOCH DIE KNIE!
UND IN DER ZWISCHENZEIT LIESS SIE SICH ENTFÜHREN! SCHÄMST DU DICH DENN ÜBERHAUPT NICHT, FILUMENA?
DOCH... DAS TUE ICH...
ABER WENN SIE BEI IHREM GELIEBTEN IST, WEISS ICH, WO ICH SIE FINDE!
WIRK-LICH? DANN LAUF SCHNELL ZU IHR!
UND SAG IHR, IHR VATER IST EIN ALTER DUMMKOPF! SIE KANN UNBESORGT ZURÜCK-KOMMEN, UND DANN VER-TREIBEN WIR DIESEN DEL POGGIO GE-MEINSAM!
ABER DER TITEL WÄRE NICHT ÜBEL GEWE-SEN!

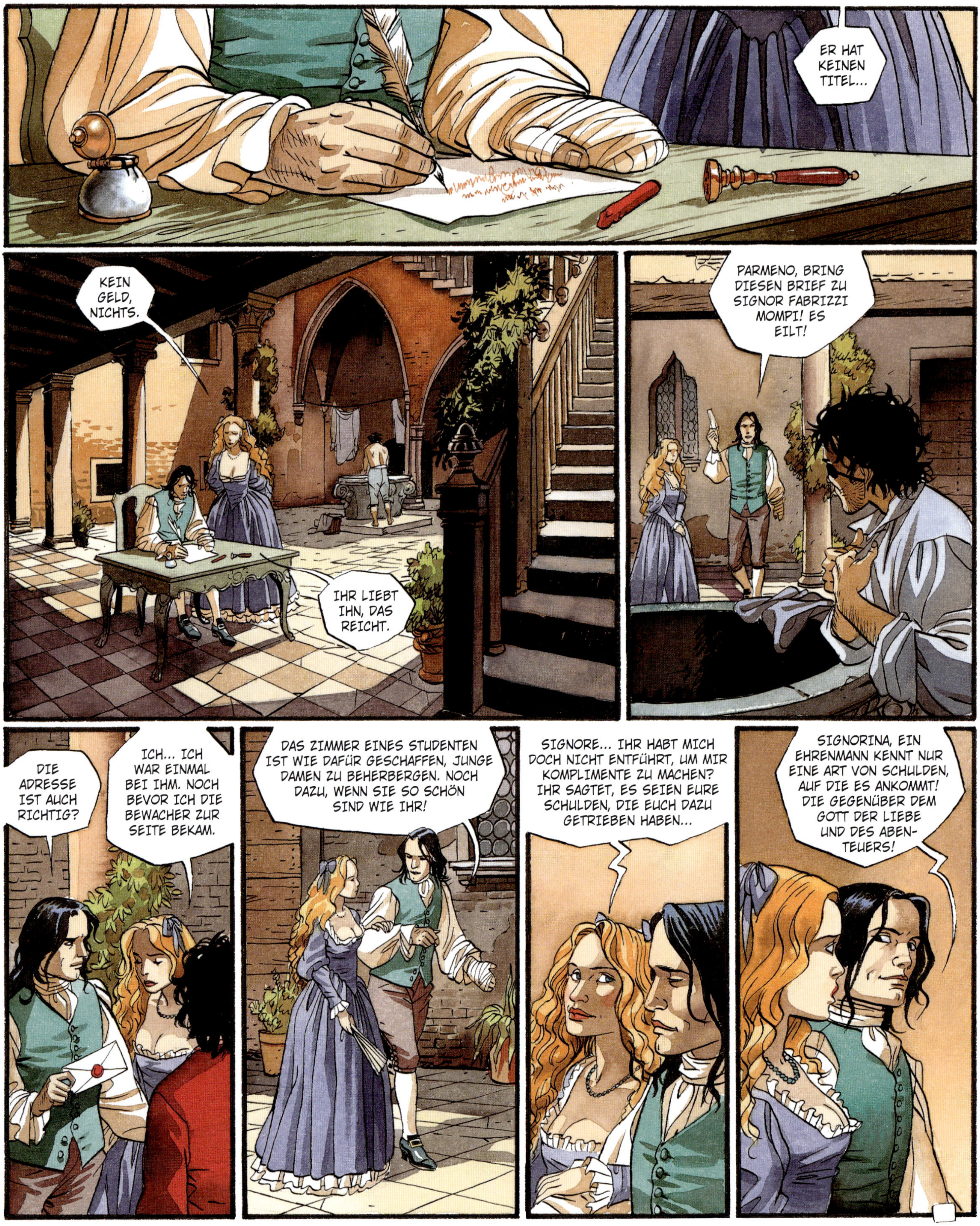
ER HAT KEINEN TITEL...
KEIN GELD, NICHTS.
IHR LIEBT IHN, DAS REICHT.
PARMENO, BRING DIESEN BRIEF ZU SIGNOR FABRIZZI MOMPI! ES EILT!
DIE ADRESSE IST AUCH RICHTIG?
ICH... ICH WAR EINMAL BEI IHM. NOCH BEVOR ICH DIE BEWACHER ZUR SEITE BEKAM.
DAS ZIMMER EINES STUDENTEN IST WIE DAFÜR GESCHAFFEN, JUNGE DAMEN ZU BEHERBERGEN. NOCH DAZU, WENN SIE SO SCHÖN SIND WIE IHR!
SIGNORE... IHR HABT MICH DOCH NICHT ENTFÜHRT, UM MIR KOMPLIMENTE ZU MACHEN? IHR SAGTET, ES SEIEN EURE SCHULDEN, DIE EUCH DAZU GETRIEBEN HABEN...
SIGNORINA, EIN EHRENMANN KENNT NUR EINE ART VON SCHULDEN, AUF DIE ES ANKOMMT! DIE GEGENÜBER DEM GOTT DER LIEBE UND DES ABENTEUERS!

ABER... IHR BERÜHRT MICH, SIGNOR!
WIE SOLL ICH DEM VERLANGEN WIDERSTEHEN, SIGNORINA?
ICH LIEBE EINEN ANDEREN!
WER REDET DENN VON LIEBE? ÜBERLASSEN WIR DAS DEN TRÄUMERN, DEN DICHTERN UND DEN STUDENTEN!
VERSTEHT IHR DENN NICHT? EUER KÖRPER VERBRENNT MICH, UND DER SCHMERZ VERBRENNT MEIN HERZ!
ACH, SIGNORE...
MEIN HERR IST UNVORSICHTIG. ICH SOLLTE IHN NICHT ALLEIN LASSEN. ICH SCHICKE BAROLO ZU IHM!
WO SOLL DIESER BRIEF HIN?... IN DIE NÄHE DES CAMPO S. TOMA. GEHE ICH ZU FUSS, ODER NEHME ICH...
... EINE GONDEL?
!?

NICHTS... ICH HABE MICH GETÄUSCHT.

NACH DEM, WAS MEINE HERRIN MIR SAGTE, MUSS ES HIER SEIN...

TOC! TOC!

!?

FILUMENA! IHR! ABER...

ICH WILL KEINE ZEIT VERLIEREN! WO IST MEINE HERRIN?

WIE? IST SIE DENN NICHT BEI EUCH?

SIE IST DOCH SICHER HIER?

NICHT DASS ICH WÜSSTE.

WIE DAS?

HABT... HABT IHR SIE NICHT ENTFÜHRT?

ENTFÜHRT? DIO MIO! WER HAT DAS GETAN?

DAS WÜSSTE ICH AUCH GERN!

!?

!?

40

GREIFT EUCH DIE FRAU!

SIE GEHÖRT EUCH!

MMPF!

ICH KÜMMERE MICH UM DEN HIER...

DAS IST ALSO MEIN RIVALE... DIESES BLEICHGESICHT, DAS NUR DAS STUDIUM RÖTET...

EINE FRAGE HABE ICH: HAST DU SIE JE NACKT GESEHEN?

SO NACKT, WIE IHR SIE NIE SEHEN WERDET!

STECHT IHM DIE AUGEN AUS!

DA KOMMT WER! VERSTECKT EUCH!
!
EIN BRIEF FÜR DEN HERRN STUDENTEN!
VORSICHT, PARMENO!
GRMPF!
BLONGG
DIE LIVREE KENNE ICH DOCH...
SEHEN WIR MAL...
FLAVIA LIEBT EUCH. VERDIENT IHR SIE AUCH? ÜBERZEUGT UNS, UND KOMMT ZU DIESEM ORT...
ICH WEISS, WO DAS IST. IHR BEIDEN BLEIBT HIER! DIE ANDEREN KOMMEN MIT!

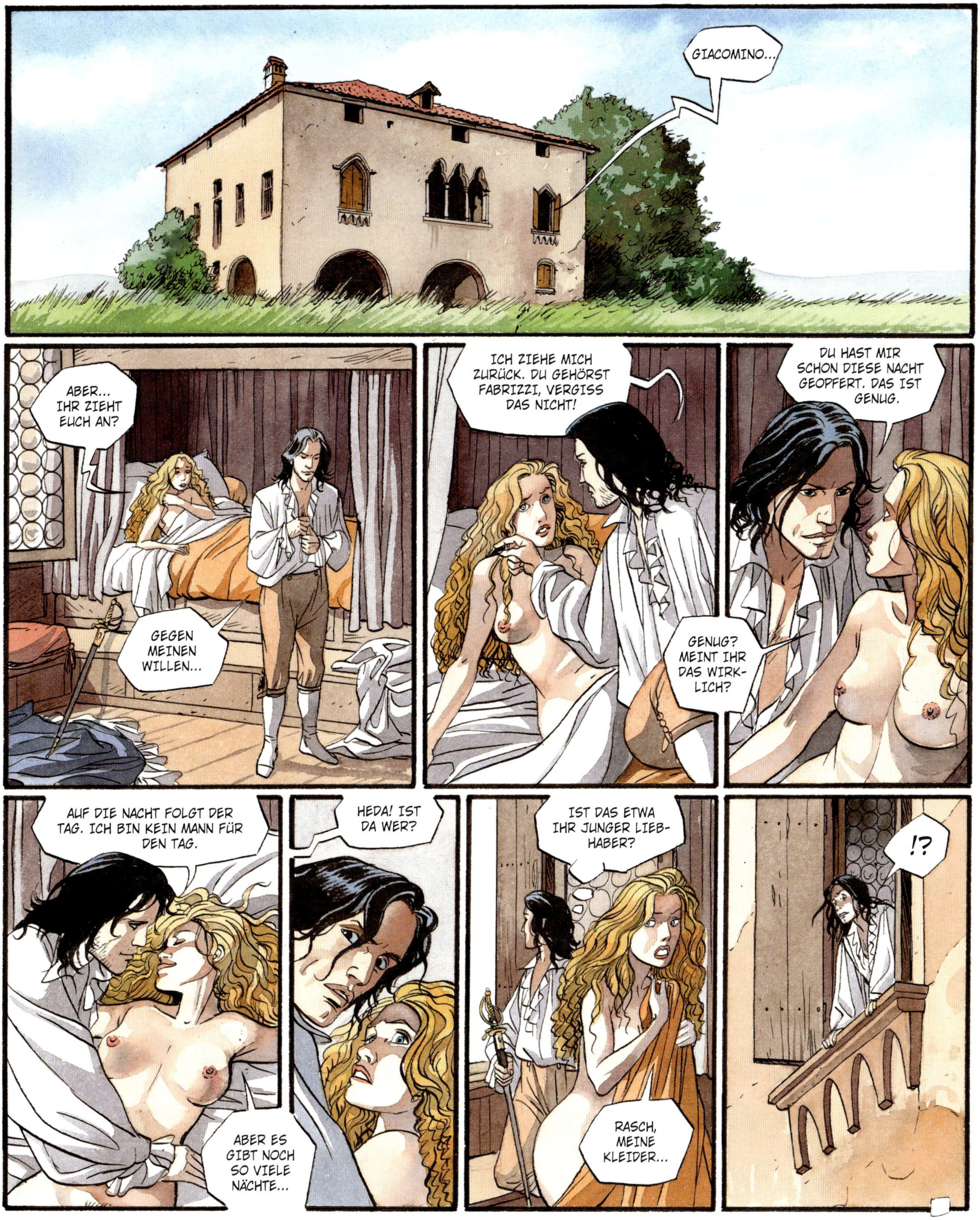
GIACOMINO...
ABER... IHR ZIEHT EUCH AN?
GEGEN MEINEN WILLEN...
ICH ZIEHE MICH ZURÜCK. DU GEHÖRST FABRIZZI, VERGISS DAS NICHT!
DU HAST MIR SCHON DIESE NACHT GEOPFERT. DAS IST GENUG.
GENUG? MEINT IHR DAS WIRK-LICH?
AUF DIE NACHT FOLGT DER TAG. ICH BIN KEIN MANN FÜR DEN TAG.
ABER ES GIBT NOCH SO VIELE NÄCHTE...
HEDA! IST DA WER?
IST DAS ETWA IHR JUNGER LIEB-HABER?
RASCH, MEINE KLEIDER...
!?

ÄH... ENTSCHULDIGT BITTE... MEIN NAME IST BAROLO. IHR WUNDERT EUCH, MICH HIER ZU SEHEN. PARMENO HAT MICH GESCHICKT. ER SCHIEN IRGENDWAS ZU BEFÜRCHTEN.
ICH SOLLTE HIER WACHE HALTEN.
!
UND JETZT SEHE ICH, DASS DA LEUTE DIE STRASSE HERAUFKOMMEN. SIGNOR DEL POGGIO IST AUCH DABEI. ICH WEISS NICHT, OB DAS EINER EURER FREUNDE IST...
DEL POGGIO!
WIIEEK!!
DENKT DARAN: KEINE ÜBERLEBENDEN! KEINE ZEUGEN!
UND... FLAVIA?
SIE HAT MICH ENTEHRT. SIE DARF NICHT MEHR REDEN.
LOS!
!?
IHR HIER, SIGNORE? HABE ICH EUCH ETWA EINGELADEN?
EURE WORTWAHL ÜBERRASCHT MICH, SIGNORINA.

WO SIND EURE ENTFÜHRER?
DAS WISST IHR DOCH WOHL!
MEINE ENTFÜHRER!? WAS MEINT IHR DAMIT?
IHR MÜSST EUCH IRREN, SIGNORE.
ICH BIN AUS EIGENEM ANTRIEB HIER. ICH WOLLTE RUHE VOR MEINEM VATER HABEN, DER MICH ZU ETWAS ZWINGEN WOLLTE, DAS MIR NICHT GEFÄLLT.
ACH JA?
PAOLO, DU SIEHST DICH IM HAUS UM. UND DU, PIETRO, ÜBERWACHST DRAUSSEN ALLES. SEID VORSICHTIG!
UND WOZU WOLLTE EUER VATER EUCH ZWINGEN, SIGNORINA?
ZUR HEIRAT.
ICH HABE NUN MAL MEINEN EIGENEN KOPF. EUER NAME SOLLTE MICH WOHL EHREN, DOCH MIR BEDEUTET ER NICHTS. MEIN VATER WOLLTE, DASS ICH EUCH HEIRATE. ICH MOCHTE IHN NICHT ENTTÄUSCHEN.
EINS HABT IHR VERGESSEN! ICH WAR ES, DER EUCH AUSGEWÄHLT HAT! UND WAS ICH HABE, WILL ICH BEHALTEN!
DAS IST SEHR EITEL VON EUCH, SIGNORE! IHR HABT MICH NOCH NIE BESESSEN, SOVIEL ICH WEISS. ABER ANDERE HABEN ES WOHL.
!

HIER IST KEINER...
PIETRO, BIST DU DA?
PIETRO?
!
PIETRO...
BLONG
DREI DINGE KANN ICH GANZ GUT: SCHLAFEN, ESSEN...
... UND LEUTE UMHAUEN!

IHR SAGT DA DINGE, DIE JEDE EHRENWERTE FRAU ERRÖTEN LASSEN WÜRDEN!
AUCH EINE EHRENWERTE FRAU ERKENNT, OB EINE HEIRAT IHR ZUWIDER IST, UND ENTSCHEIDET SICH DANN.
ICH BIN EUCH ZUWIDER?
FÜR DIESE WORTE UND FÜR ALLES ANDERE WIRST DU STERBEN!
BLAMM!
!
SO SIEHT MAN SICH WIEDER.
ICH HABE EUCH HIER NICHT ERWARTET, ABER SO IST ES AUCH GUT.
ICH VERSTEHE NICHT!
IHR ERINNERT EUCH NICHT AN DIE KLEINE WEISSE MAUS, DIE IHR ZERTRETEN WOLLTET? ICH BIN EINGESCHRITTEN, IHR HABT MIR DIE HAND GEBROCHEN. ICH NEHME AN, DAS IST FÜR EUCH ALLTÄGLICH?

ABER NICHT JEDER NIMMT SO ETWAS HIN. UND DANN STEHT ER PLÖTZLICH VOR EINEM.
GIB IHM EINE WAFFE, BAROLO!
DAMIT WISST IHR ALSO, WAS EUREN KOMPLIZEN GESCHEHEN IST.
PIETROS DEGEN!
EINE FALLE... DAS IST EINE FALLE!
NUN GUT, ICH WEISS, WIE ICH DAMIT UMGEHE!
ABER NICHT SO HEKTISCH, SIGNORE!
FÜR MIMI...
AAH!
AAAHH!
FÜR MEINE HAND!
UND DAS IST FÜR DIE FRAU, DIE EUCH NIE LIEBEN WIRD!

OH!
VERZEIHT, VATER..
ICH STERBE...
DER TOD EURES SOHNES ENTSCHULDIGT NICHT SEINE EXTRAVAGANZEN. ES GAB DA EINEN RIVALEN...
DIESER FABRIZZI. WAS IST AUS IHM GEWORDEN?
FREUNDE EURES SOHNES HIELTEN IHN GEFANGEN. NACH MATTEOS TOD LIESSEN SIE IHN FREI. IHN UND ZWEI ANDERE... EINE KAMMERZOFE UND DEN DIENER DES HERRN C...
GIACOMO C.! DER HAT MEINEN EINZIGEN SOHN GETÖTET!
ES WAR EIN DUELL.
LEHNEN WIR DUELLE NICHT GENERELL AB? SIE BERAUBEN DIE SERENISSIMA DER BESTEN IHRER ART!

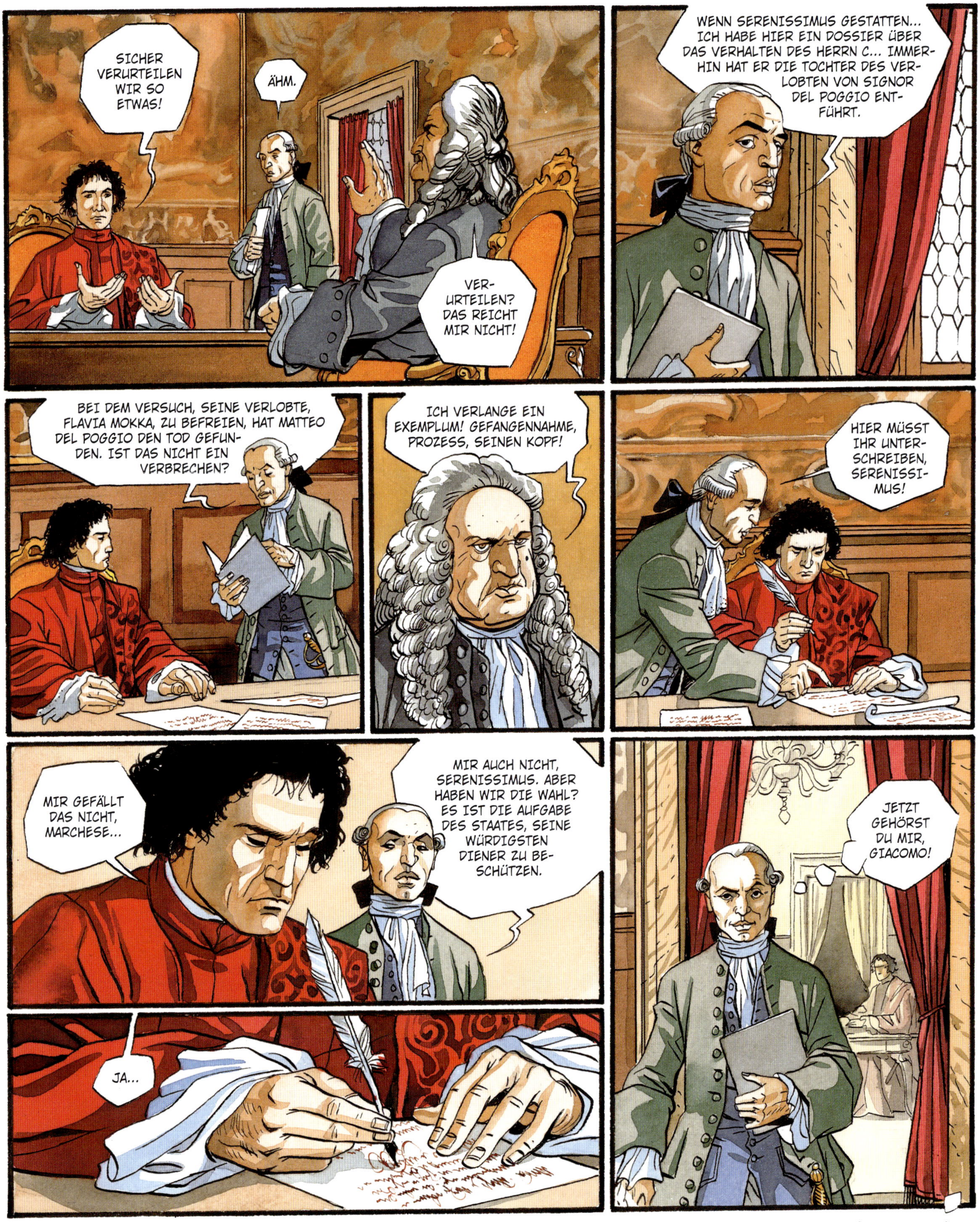

SZENARIO: DUFAUX ZEICHNUNGEN: GRIFFO

FORTSETZUNG FOLGT

DIE MAUS IN DER FALLE

JEAN DUFAUX
✧ ZEICHNUNGEN GRIFFO ✧

GUTEN ABEND! ICH BIN DER MARCHESE SAN VERE. DIE MIR UNTERSTEHENDE POLIZEI WIRD VON ALLEN MENSCHEN DER STADT GEFÜRCHTET. ICH VERLANGE NICHT, DASS MAN MICH LIEBT... SOLANGE MAN MICH NUR FÜRCHTET!

ICH BIN NICHT IMMER OBJEKTIV IN MEINEM HANDELN, DAS GEBE ICH ZU. DA IST ZUM BEISPIEL DIESER MENSCH, DER SICH ÜBER JEDE TUGEND HINWEGSETZT. ER MACHT SICH ÜBER MICH LUSTIG. SO ETWAS ERTRAGE ICH NICHT.

ICH WEISS NICHT, AUS WELCHEM ANFALL VON SCHWÄCHE MEIN HERR, DER SERENISSIMUS*, DIESEN GECK PROTEGIERT, DIESEN BETRESSTEN BETTLER, DIESEN TAGEDIEB. ZEHNMAL, JA HUNDERTMAL HÄTTE ICH IHN FASSEN KÖNNEN. DIE KETTEN LIEGEN BEREIT. ABER ES WAR MIR IMMER WIEDER VERSAGT, IHM DIESE KETTEN ANZULEGEN.

MEINEM ÄRGER ÜBER DEN KERL VERDANKE ICH DIESEN GIFTIGEN TEINT. BEI DEN DAMEN KOMMT DAS SEHR SCHLECHT AN. ABER NUN HAT GOTT MICH ERHÖRT, UND MEIN HERR IST ENDLICH AUF MEINER SEITE! HIER HABE ICH DIE ORDER, UNTERSCHRIEBEN VON SEINER HAND, DEN HERRN C. ZU FASSEN, ZU WELCHEM PREIS, MIT WELCHEN MITTELN AUCH IMMER!

AH, WIE ICH DIESEN MOMENT GENIESSE!

NUN?

ES GIBT EIN FÜR UND WIDER. DAFÜR SPRICHT, DASS EINER UNSERER MÄNNER BEI IHM IST.

UND DAGEGEN?

NUN... DA SIND VIELE MENSCHEN...

* DER DOGE VON VENEDIG

IHR SEHT ES JA SELBST!
!?
DA FINDET EIN FEST STATT!
UND... HIER SOLL ER SEIN?
SOWEIT WIR DAS WISSEN, JA.
HIPS! ZWEI PIK DAMEN.
!?

HÄLT KEINER MIT? HIPS... NA, DANN...
IHR GEWINNT STÄNDIG, SIGNORE! DAS GLÜCK IST EUCH HOLD.
DAS GLÜCK... ODER ETWAS ANDERES... EIN TRICK...
WAS FÜR EIN TRICK? IHR MEINT DOCH NICHT, ETWA, DASS ICH BETRÜGE?
ABER MEINE HERREN! BERUHIGEN WIR UNS! MACHEN WIR NOCH EIN LETZTES SPIEL! ICH HABE HIER DIESE GRAVUREN VON MEINER CHRISTINA... ICH HABE DIESE FRAU SEHR GELIEBT...
HIPS... WAS IST DAS DA FÜR EIN SCHWARZER FLECK?
IHRE ZÄHNE.
PFFF! SIE SPIELEN WEITER!

WORAUF WARTEN DIE DENN? UND WO IN DER MENGE SIND SIE ÜBERHAUPT?
PLATZ! PLATZ FÜR DAS GESETZ!
DA! ICH SEHE IHN!
HIER-HER!
ICH SAGE...
HABT IHR AUCH GLÜCK IN DER LIEBE, SIGNORE?
WIIIEK!
!?
WAS...?
PSSST! BITTE KEIN AUFSEHEN!

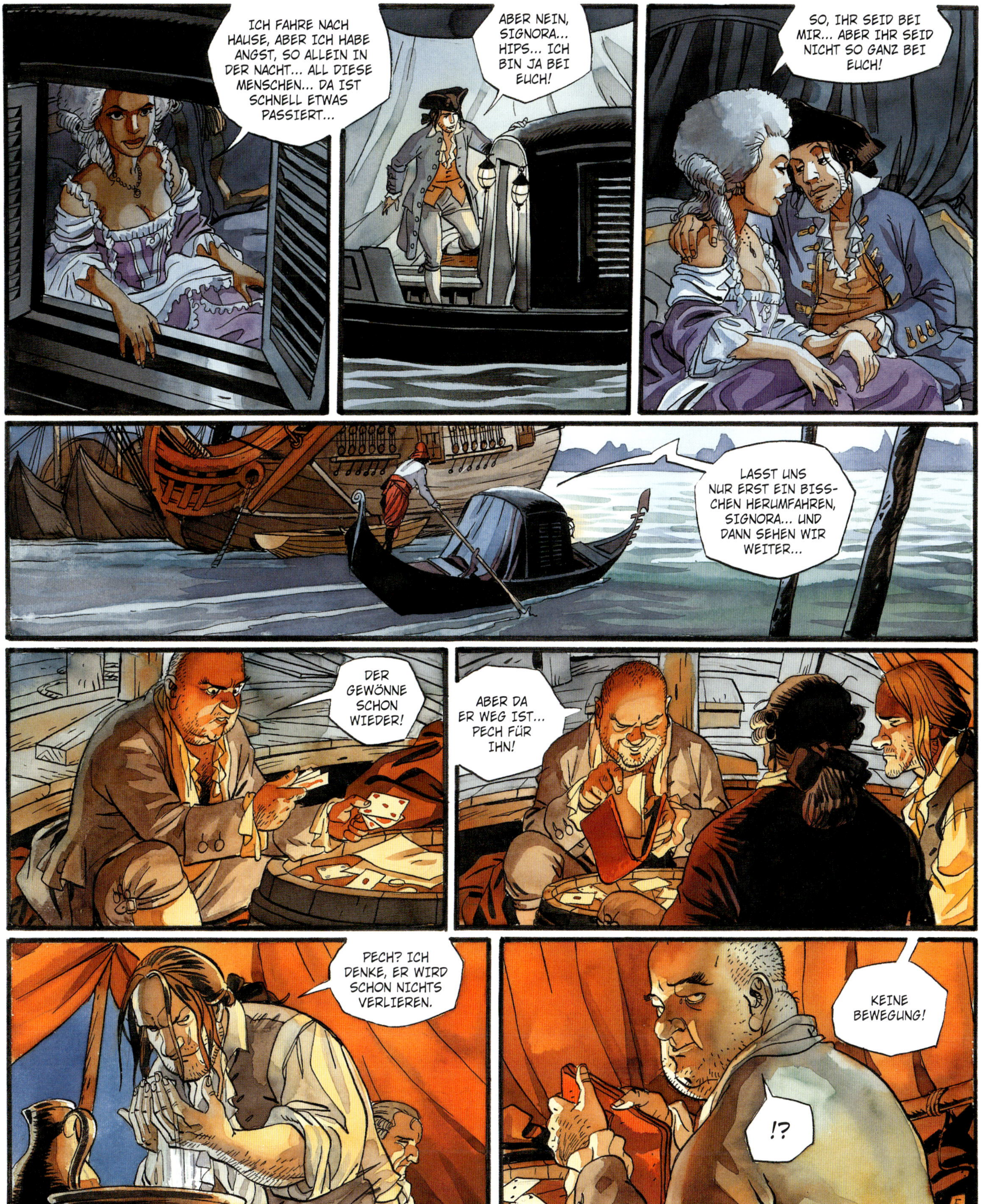
ICH FAHRE NACH HAUSE, ABER ICH HABE ANGST, SO ALLEIN IN DER NACHT... ALL DIESE MENSCHEN... DA IST SCHNELL ETWAS PASSIERT...
ABER NEIN, SIGNORA... HIPS... ICH BIN JA BEI EUCH!
SO, IHR SEID BEI MIR... ABER IHR SEID NICHT SO GANZ BEI EUCH!
LASST UNS NUR ERST EIN BISSCHEN HERUMFAHREN, SIGNORA... UND DANN SEHEN WIR WEITER...
DER GEWÖNNE SCHON WIEDER!
ABER DA ER WEG IST... PECH FÜR IHN!
PECH? ICH DENKE, ER WIRD SCHON NICHTS VERLIEREN.
KEINE BEWEGUNG!
!?
5

WO IST ER?
!?
!?
WAS SOLL D...
AAH!
HE! MEINE CHRISTINA!
BOMM
CRACK
BRAVO! SCHLAGT NUR ORDENTLICH ZU! ZERSCHLAGT IHM ARME UND BEINE! BRECHT IHM DIE KNOCHEN! UND DEN KOPF... DEN KOPF...
NEIN, DER KOPF IST FÜR MICH!
NUN?
PFFF... DA WAREN EIN PAAR ANDERE.
NUR ER NICHT!
WIE, NUR ER NICHT?
6

ER WAR ABER GANZ BESTIMMT DA! ER HAT SOGAR GEWONNEN!	RATET MAL, WAS WIR HIER HABEN!	SIEH MAL EINER AN! WIIIEK!

MIMI!

?

SIE HOLEN!? JETZT, WO WIR SCHON FAST BEI MEINEM HAUS SIND!?

WAS IST? NACH WEM RUFT IHR DENN DA?

NACH MEINER WEISSEN MAUS.

SIE KOMMT ZWAR ALLEIN ZURECHT, ABER... MIR WÄRE WOHLER, WENN WIR SIE HOLEN!

!

... IN MEINEM ZIMMER... IN MEINEM BETT... UND WO MEIN MANN GERADE AUF DEM LAND IST, UM GELD EINZUTREIBEN, WEIL ER DENKT, ICH SEI VERSCHWENDERISCH.

TSSS... WAS FÜR EIN HÄSSLICHER GEDANKE!

DA SEHT IHR ES, VATER! HATTE ICH NICHT RECHT?

MEINE ESMERALDA! MEIN KLEINES ZUCKERHERZ!

SIE BETRÜGT EUCH! MIT DEM NÄCHSTEN BESTEN! UNTER EUREM EIGENEN DACH!

DER ZUCKER SCHMILZT JETZT IM MUND EINES ANDEREN! SO NEHMT EUCH DOCH ZUSAMMEN, ZUM TEUFEL!

ES GEHT UM EURE EHRE!

SIE IST TOT. UND KEINER WIRD SIE JE ERSETZEN!

DU HAST RECHT. DIESE NEUE HEIRAT WAR EIN FEHLER. DEINE MUTTER HÄTTE SO WAS NIE GETAN!

DIE DA SCHON GAR NICHT!

SEIT WANN IST EUER MANN DENN FORT?

ICH WEISS NICHT. ICH NEHME IHN KAUM WAHR.

HABE ICH DICH LUDER ALSO ERWISCHT! AUF FRISCHER TAT!

OHA! MEIN MANN!

OHA! IHR MANN!

JA! IHR MANN!

ÄH... ICH EMPFEHLE MICH. DIES IST NICHT DIE STUNDE DES WOLFS, SONDERN DIE DES GEHÖRNTEN!

SCHON WIEDER EIN UNERWARTETES BAD!

!?

PLOUFF

EIN WUNDERBARER FISCHZUG, HERR!

* SIGNOR LACO BESITZT EIN RESTAURANT

SIGNOR MARCHESE, HIER DER ENTWURF FÜR DEN ÖFFENTLICHEN AUFRUF! ZEIGT HER!	HM... SO GUT SIEHT ER IN NATURA DOCH GAR NICHT AUS! SO? FINDET IHR?	ICH FINDE, DASS MAN ES AM GESICHT ERKENNT, OB EINER EINE KANAILLE IST, SO WIE DIESER HERR C.! UND ERSETZT "HOHE BELOHNUNG" DURCH "GROSSZÜGIGE BELOHNUNG"!	ICH WILL, DASS DUTZENDE... ACH WAS, HUNDERTE VON BRIEFEN IM MAUL DES LÖWEN* LANDEN! ICH WILL, DASS DIE GANZE STADT IHN VERRÄT, IHN AUFSCHEUCHT, IHN AUF DIE KNIE ZWINGT! JA, SO WILL ICH IHN SEHEN...

VIELLEICHT KOMMT ER AUCH FREIWILLIG. DREI TAGE. ICH GEBE IHM DREI TAGE, UM SICH ZU ERGEBEN.

GUTEN TAG! ALLE WELT NENNT MICH FEDERKIEL. ZUM EINEN, WEIL ICH EIN ÖFFENTLICHER SCHREIBER BIN, ZUM ANDEREN, WEIL ICH STIL HABE UND DINGE SEHE, DIE ANDERE NICHT SEHEN. MEIN WAHRER NAME IST BLANC-SEING. ICH BIN EIN FRANZÖSISCHER EDELMANN, AUCH WENN MAN MIR DAS NICHT ANSIEHT.**	ICH MUSS SAGEN, ICH BIN SEHR BEUNRUHIGT. ALS ICH HEUTE MORGEN DEN ÜBLICHEN WEG ZU MEINEM ARBEITSPLATZ GING, BEMERKTE ICH AN DEN MAUERN DER HÄUSER AUFRUFE MIT EINER FÜRCHTERLICHEN ORTHOGRAFIE. DAS ALLEIN WÄRE SCHLIMM GENUG...	ALS ICH DANN ABER SAH, DASS ES UM MEINEN FREUND, DEN HERRN C., GING UND DASS MAN AUF SEINEN KOPF EINE PRÄMIE AUSGESETZT HAT, WURDE MEIN BLUT SCHWARZ WIE TINTE!	ICH EILTE SOFORT ZU IHM, UM IHN ZU WARNEN. ABER ES WAREN SCHON VIELE VOR MIR DORT, WENN AUCH NUR, UM SEIN ZIMMER ZU PLÜNDERN. WAS SOLLTE ICH TUN? MIR FIEL NUR EINER EIN, DER MIR HELFEN KONNTE, EIN MUTIGER, AUFGEWECKTER MANN, EIN HELLER KOPF! DIE REDE IST VON...

* STEINERNE BRIEFKÄSTEN IN FORM EINES LÖWENMAULS ZUR ANONYMEN DENUNZIATION. SIEHE KAPITEL 1: "IM DUNKEL DER SCHATTEN"
** SIEHE KAPITEL 2: "DER STURZ DES ENGELS"

... PARMENO!
RRR... FIUUU...
PARMENO! WACH AUF! HOCH MIT DIR!
HÄ?
WAS? WER WILL MIR MEINE FLASCHE WEGNEH-MEN?
ES GEHT NICHT UM DEINE FLASCHE, SONDERN UM DAS LE-BEN DEINES HERRN! WEISST DU, WO ER IST?
SAN VERE LÄSST IHN ÜBERALL SUCHEN! DEIN HERR IST FREI-WILD! DIE JAGD AUF IHN IST ER-ÖFFNET!
SAN VERE? DANN IST ES WOHL ERNST. WO IST ER?
WER? SAN VERE?
ABER DAS FRAGE ICH DICH DOCH GERADE, DU DUMMKOPF! ZU HAUSE IST ER NICHT.
NEIN, MEIN HERR.
DANN STECKT ER SICHER BEI EI-NER DIESER SCHÖNEN DAMEN, DEREN KNIE ZITTERN, WENN ER NUR VORBEIGEHT!
ABER IHN DA ZU FINDEN... ES GIBT VIELE BETTEN IN VENEDIG!...
NUN, SIGNORE, WIE WAR DAS DOCH GLEICH MIT DEN GEHÖRNTEN?
12

DIESE HÖRNER KÖNNEN EINEM MANN DEN BAUCH AUFSCHLITZEN! WAS MEINT IHR?	ICH MÖCHTE EUCH AZAZUL VORSTELLEN. AZAZUL IST HENKER VON BERUF. ICH HABE IHN EINEM PASCHA IN SMYRNA ABGEKAUFT, FÜR EINE STATTLICHE SUMME, ABER AZAZUL IST EIN MEISTER SEINES FACHS!	NICHT WAHR, AZAZUL? / AZAZUL MAG SCHMERZEN.

FÜR AZAZUL SCHMERZEN WIE MÜCKENSTICH.

DIO MIO! ICH BIN VERLOREN!

ICH KÖNNTE EUCH RETTEN!

MICH RETTEN?

EUER LIEBHABER... ER SOLL BÜSSEN!

WISST IHR, WIE SEHR ICH EUCH BEGEHRE?

DA ICH SO ZARTE GEFÜHLE FÜR EUCH HEGE, WARUM SOLLTE ICH EUCH EINEM ANDEREN ÜBERLASSEN?

OH!

LETZTES MAL HABT IHR MICH ABGEWIESEN, ABER DIESMAL...

NIEMALS, HÖRT IHR! NIEMALS! WIE KÖNNT IHR ES WAGEN?
AU!
ICH WAGE ES, WEIL IHR EINE HURE SEID! EINES TAGES WERDET IHR MIR GEHÖREN, DAS IST GEWISS.
INZWISCHEN SEHE ICH MIR AN, WIE EUER GELIEBTER LEIDET! SEINE SCHMERZEN WERDEN MIR GUTTUN!
OOOOH... MEIN BATTISTO!
ODER HIESS ER FRANCO?
NEIN... GIACOMO... JA, RICHTIG... MEIN GIACOMIIINO!
AH, SIGNORE... ICH KOMME GERADE VOM MARKT! DAS HIER DÜRFTE EUCH INTERESSIEREN!
LASS SEHEN!
!?
14

SIGNORE?

ICH HAB'S MIR ÜBERLEGT... ICH ERFÜLLE EURE WÜNSCHE, WENN IHR AUF DER STELLE EUREN GEFANGENEN FREILASST.

DAS WILL ICH GERN TUN! ICH WERDE EUCH IN JEDER BEZIEHUNG ZUFRIEDENSTELLEN.

MEIN ARMER GIACOMO... DAS IST ALLES, WAS ICH FÜR DICH TUN KANN...

WIR LASSEN UNS ZEIT BIS HEUTE ABEND, WENN DIE DOMESTIKEN IHREN DIENST BENDET HABEN. DANN KÖNNT IHR HEULEN, SOVIEL IHR WOLLT... WIE EIN WOLF! JA, DAS WIRD DIE STUNDE DES WOLFS!

"DIE STUNDE DES WOLFS!" HEHE, SEHR WITZIG, NICHT?

WITZ WIE MÜCKE. AZAZUL NICHT FÜHLEN.

BIS ZUM ABEND IST ES NOCH LANG. WETTEN, DASS IHR EUREN HOCHMUT BIS DAHIN VERLIERT?

DAS WIRD EIN SCHÖNER ABEND HEUTE, NICHT WAHR, AZAZUL?
MMPFFF!
ALL EURE ANSTRENGUNGEN NÜTZEN EUCH GAR NICHTS, SIGNORE! UM EUCH ZU BEFREIEN, BRAUCHT IHR DAS HIER...
!?
... EIN MESSER!
NEHMT DEN HINTER-AUSGANG!
ABER... WARUM?
IHR STELLT BESSER KEINE FRAGEN, SONDERN NÜTZT EURE CHANCE, BEVOR ICH ES MIR ANDERS ÜBER-LEGE!
IMMER GERADE-AUS. DANN IST AUF DER LINKEN SEITE EINE TÜR. SIE IST OFFEN.
LAUF, GIACOMO, UND HÖR AUF, ZU DENKEN!
16

FREI!
WIR WARTETEN SCHON AUF EUCH!
?
WENN IHR UNS BITTE FOLGEN WOLLT? DIE REPUBLIK VERLANGT NACH EUCH!
NACH MIR? WAS GIBT ES DENN NOCH?
AUF EUREN KOPF IST EINE PRÄMIE AUSGESETZT. DAS IST EINE ERNSTE SACHE.
AUF MEINEN KOPF!? ABER... WIESO?
GENUG JETZT! NEHMT IHN MIT!
DAHINTER STECKT DOCH SAN VERE!
WENN ER SO ÖFFENTLICH VORGEHT, MUSS ER SEINER SACHE SICHER SEIN!
?
OH! ERKENNT DENN KEINER DIE GRÖSSE MEINES LEIDENS?
17

* ZU ZIPPO SIEHE Z. B. KAPITEL 1: "IM DUNKEL DER SCHATTEN"

WIE? WAS!?
DU BIST SEIN KOMPLIZE! GESTEHE!
HILFE!
ER ENT-KOMMT UNS!
DAS DARF NICHT SEIN!
LAUFT!
DA LANG!
PFFF!
ICH MUSS RAUS-FINDEN, WAS LOS IST! UND ICH BRAUCHE EINE WAFFE!
?
GELD ODER LEBEN!

HM... DAS KOMMT MIR GERADE RECHT!
WAS?
BAFF
ICH BEHALTE MEIN LEBEN...
... HABE EINE WAFFE...
... UND EINE BÖRSE NOCH DAZU!
FEHLT NUR NOCH EINES...
... EINEN ORT ZU FINDEN, AN DEM ICH MICH AUSRUHEN UND NACHDENKEN KANN...

DAS IST BOMBA! EIN WAHRER PANTHER!
ICH SETZE IHN IN DEN KÄFIG, ABER ICH WARNE EUCH! UNTER UMSTÄNDEN IST BOMBA STARK GENUG, DEN KÄFIG ZU ZERBRECHEN!
ER WIRD AN-SCHLIESSEND EIN FÜRSTLICHES MAHL BEKOMMEN, SIGNOR LACO!
HEUTE MITTAG WIRD DER ERSTE STAB ENTFERNT. DANN KOMMT BOMBA SEINEM OPFER SCHON ETWAS NÄHER...
WIIIEK!
GUT, DASS ICH DIE MAUS NICHT EINFACH ZERTRETEN HABE!
EXZELLENZ, DA WARTET NOCH DIESE PERSON... ER LÄSST SICH NICHT AB-WEISEN.
ACH JA? GUT, BRINGEN WIR'S HINTER UNS.
DA BIN ICH, EXZELLENZ!
21

SO, IHR HABT UNS ALSO SIGNOR C. ANS MESSER GELIEFERT?
MIT VERGNÜGEN, EXZELLENZ. DIE REPUBLIK HAT IN MIR EINEN IHRER TREUESTEN DIENER.
DAS HÖRE ICH GERN. IHR DÜRFT WIEDER GEHEN!
!?
ABER... MEINE BELOHNUNG?
BELOHNUNG? ICH HÄTTE SIGNOR C. JA GERN GEFASST, ABER ER IST MIR ENTWISCHT.
ENTWISCHT!?... WAS KANN ICH DENN DAZU? ICH... ICH HABE EIN ANRECHT AUF DIE PRÄMIE!
EIN ANRECHT HABT IHR? WISST IHR ÜBERHAUPT, WAS DAS IST, EIN ANRECHT? ICH SAGE EUCH, WELCHES ANRECHT IHR HABT! IHR DÜRFTE DEN PLATZ IM KERKER EINNEHMEN, DER FÜR SIGNOR C. RESERVIERT IST!
ERGREIFT IHN! ICH KANN DIESES GEJAMMER NICHT MEHR HÖREN!
DAS IST UNGERECHT! ZUTIEFST UNGERECHT!
DAFÜR WERDE ICH NUN MAL BEZAHLT! AUCH WENN ES MIR WIDERSTREBT, UNGERECHT SEIN ZU MÜSSEN. IHR WERDET SCHON DAMIT ZURECHTKOMMEN.
22

* SIEHE KAPITEL 1: "IM DUNKEL DER SCHATTEN"

IMMER NOCH NICHTS... WO STECKT ER BLOSS?
ICH HABE JETZT DEN BERICHT MEINER LEUTE, EXZELLENZ.
DAS WURDE AUCH ZEIT! UND?
OH... EIGEN-ARTIG...
WAS DENN? KEINE DENUN-ZIATION?
DOCH, DOCH... VOR MANCHEN DER ANONYMEN BRIEFKÄSTEN WAREN SOGAR LANGE SCHLANGEN... ALLES EHRENWERTE MÄNNER...
DOCH DANN...
TOC
DANN PRASSELTE EIN REGEN VON STEINEN AUF DIE WARTENDEN HINAB, SO DASS SIE DIE FLUCHT ERGREIFEN MUSSTEN!
STEINE?
JA. DIE BETTLER HABEN SIE GEWORFEN.
DAS GIBT ES NICHT!
DIE STEINE WAREN SEHR REAL.
DIESE BETTLER SIND DOCH SONST EHER TRÄGE!
IN DIESEM FALLE NICHT.
24

AH, EUCH SUCHE ICH EBEN!
ES IST EIN SKANDAL, SIGNORE!
WIE? ICH WAR NICHT DER EINZIGE?
RAUS-GEWORFEN HAT MAN MICH!
IHR ALSO AUCH?
MAN HAT EUCH GEJAGT?
MIT STEINEN...
STEINE? NEIN, RÖCKE.
ICH DENKE WOHL. NUR FRAUEN.
DANN WAREN FRAUEN DABEI?
KEINE MÄNNER?
MÄNNER? NEIN, SIGNORE, SO EINER BIN ICH NICHT! WAS DENKT IHR VON MIR?
ALLE IN LUMPEN?
NEIN, IN SAMT UND SEIDE.
BETTLER IN SEIDE?
FRAUEN IN LUMPEN?
WOVON REDET IHR ÜBERHAUPT?
NA, VON SIGNORA AQUALI NATÜRLICH! ICH WEISS, DASS IHR DIESES ETABLISSE-MENT IM AUGE HABT, UND DESWEGEN GEHT ES DORT AUCH IMMER RECHTENS ZU.
SIGNORA AQUALI.
JA. ICH GING HEUTE MORGEN DORT-HIN, UM MEINE KLEINE NANETTE ZU SEHEN. DIE-SES MÄDCHEN VERTREIBT IM HANDUMDREHEN ALLE MEINE SORGEN.
HEUTE JEDOCH HIESS ES: NANETTE STEHT NICHT ZUR VERFÜGUNG! NUN JA, DA ICH ES EILIG HATTE, FRAGTE ICH NACH NINON. DIE WAR AUSGEGANGEN. SANDRA? KRANK. MAN BRACHTE MIR EIN MÄDCHEN, DAS SCHIELTE. DAS WAR EINFACH ZUVIEL! DABEI HATTE ICH SCHON DIE HOSEN RUNTERGELASSEN, VER-STEHT IHR?

SCHLIESSLICH GRIFF SIGNORA AQUALI SELBST EIN. AUF DIE STRASSE HAT SIE MICH GEWORFEN, MICH, EINEN IHRER TREUESTEN KUNDEN! ICH BIN SOFORT ZU EUCH GELAUFEN. ICH VERLANGE SCHADENSERSATZ. ICH WILL MEINE NANETTE!	SIGNORA AQUALI HAT GESCHLOSSEN? / SO UNGEFÄHR. UND IHR WUSSTET NICHTS DAVON?	ZUM TEUFEL NOCH EINS! !?	RASCH! DIE WACHE! / !

ER IST BEI SIGNORA AQUALI! DAS HAUS WIRD UMSTELLT. DANN DURCHSUCHEN WIR ES! ICH BRAUCHE JEDE HAND!

ABER...

UND... UND NANETTE?

DU BLEIBST! DRAUSSEN IST ES VIEL ZU GEFÄHRLICH!

ABER...

ISS NUR! ISS, TRINK, UND RUH DICH AUS!
JA! DU SIEHST NICHT GUT AUS!
DU BIST ZU DÜNN!
ABER DARAN SIND WIR NICHT SCHULD!
NIMM WAS VOM HÜHNCHEN!
BLONGG
WAS IST DAS? MEINEN DEGEN!
WARTE! DAS KANN AUCH EIN KUNDE SEIN. WIR SCHICKEN FINA ZU IHM!
FINA?
DIE HAT SCHON ÖFTER UNERWÜNSCHTE KUNDEN VERJAGT! SIE SCHIELT.
GENAU.
UND SIE HAT EINEN BART UND EIN HOLZBEIN.
GUT. ABER SAGT MIR GLEICH, WER DA IST!
SICHER.
SIGNORA AQUALI, EUER HAUS IST UMSTELLT. WIR WERDEN JETZT ALLE ZIMMER DURCHSUCHEN.
SO AUF EINMAL? WAS VERANLASST EUCH DAZU?
ICH FÜRCHTE, IHR VERBERGT HIER EINEN SCHURKEN VOR DEM GESETZ. DEN WILL ICH DINGFEST MACHEN.
WAS FÜR EIN GESETZ IST DAS? EUER GESETZ? DAS MICH REGELMÄSSIG ZAHLEN LÄSST, DAMIT ICH HIER MEINE RUHE HABE?
WER SICH MIT SIGNOR C. EINLÄSST, VERDIENT KEINE RUHE!
ACH, UM DEN HANDELT ES SICH! JETZT VERSTEHE ICH.

DER EIFER BRINGT EUCH AUS DEM GLEICHGEWICHT. SO WIE MEINE PERÜCKE.
!
BITTE, LOLOTTA!
SOFORT, SIGNORA!
ZIEHEN WIR UNS ZURÜCK?
NEIN!
DURCHSUCHT ALLES! VON OBEN BIS UNTEN!
JA.
WAS IST DA LOS?
HAU AB, GIACOMO!
!
ER IST DA OBEN!
PAFF
!?
28

Panel 1:
- HELFT MIR! DIE WOLLEN UNSEREM GIACOMO WAS TUN!
- !?
- YAARCH!
- HE!

Panel 2:
- ÜBER DIE DÄCHER! WIR HALTEN SIE EINE WEILE AUF!
- WARTE...

Panel 4:
- NUN?
- DIE MÄDCHEN VERSUCHEN, DEN WEG ZU VERSPERREN! SIE SIND SO WÜTEND!

Panel 6:
- WARTET NUR, WIE WÜTEND ICH WERDEN KANN, WENN MIR DIESER SIGNOR C. ENTKOMMEN SOLLTE!

Panel 7:
- WOLLT IHR MIR ETWA DROHEN? IHR WISST DOCH, WIE VIELE GEHEIMNISSE UNS VERBINDEN? WIE VIELE HOHE HERREN IHRE EXISTENZ UNSEREM SCHWEIGEN VERDANKEN? IN DIESER ÜBEREINKUNFT HABEN WIR UNS STETS ARRANGIERT.

Panel 8:
- UND DIESE ÜBEREINKUNFT SOLL DURCH NICHTS GESTÖRT WERDEN. NICHT EINMAL DURCH SIGNOR C.

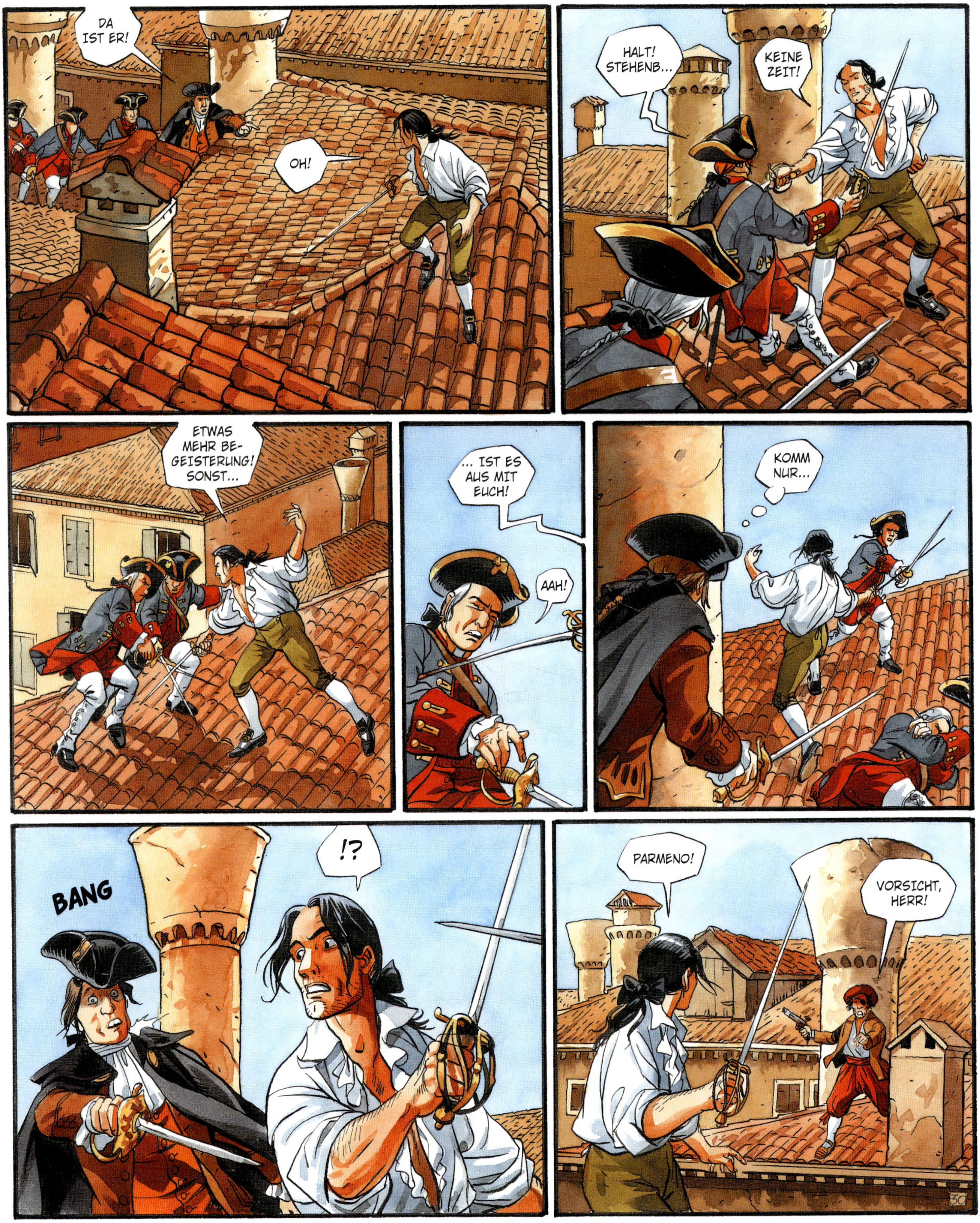
DA IST ER!
OH!
HALT! STEHENB...
KEINE ZEIT!
ETWAS MEHR BE-GEISTERUNG! SONST...
... IST ES AUS MIT EUCH!
AAH!
KOMM NUR...
BANG
!?
PARMENO!
VORSICHT, HERR!

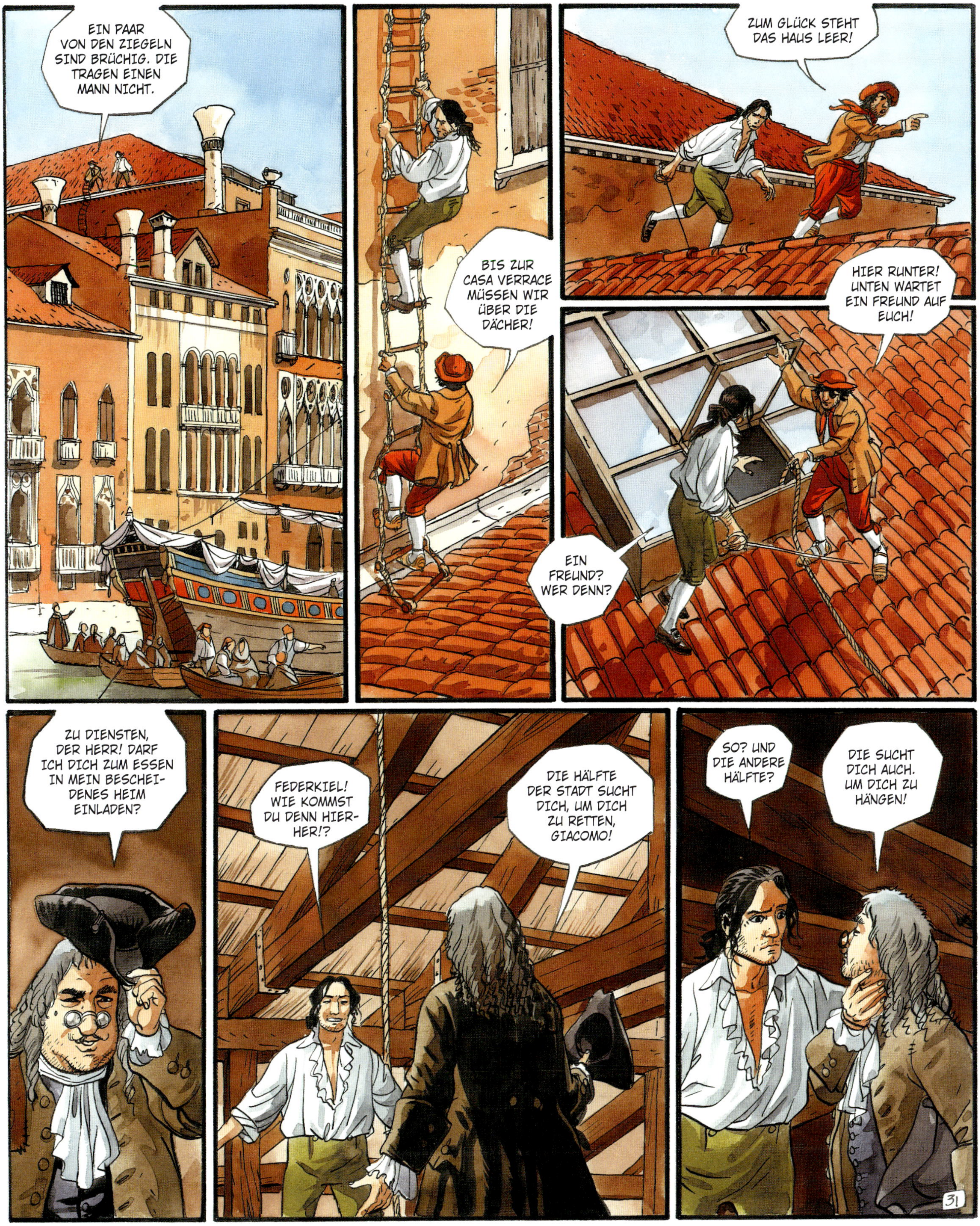
EIN PAAR VON DEN ZIEGELN SIND BRÜCHIG. DIE TRAGEN EINEN MANN NICHT.
BIS ZUR CASA VERRACE MÜSSEN WIR ÜBER DIE DÄCHER!
ZUM GLÜCK STEHT DAS HAUS LEER!
HIER RUNTER! UNTEN WARTET EIN FREUND AUF EUCH!
EIN FREUND? WER DENN?
ZU DIENSTEN, DER HERR! DARF ICH DICH ZUM ESSEN IN MEIN BESCHEIDENES HEIM EINLADEN?
FEDERKIEL! WIE KOMMST DU DENN HIERHER!?
DIE HÄLFTE DER STADT SUCHT DICH, UM DICH ZU RETTEN, GIACOMO!
SO? UND DIE ANDERE HÄLFTE?
DIE SUCHT DICH AUCH. UM DICH ZU HÄNGEN!
31

ER IST ÜBERS DACH ENTKOMMEN!
ER HATTE EINEN KOMPLIZEN.
SONST HÄTTEN WIR IHN!
EIN KOMPLIZE! DIESE STADT IST EIN RIESIGER SUMPF!
DIE MAUS! ICH WERDE...
... DEN ZWEITEN STAB RAUSZIEHEN!
PCHCHCHCH!
WIIEK!
HOL MIR MEIN BEIL, JUNGE! DIESE KATZE IST WILDER ALS EIN TIGER! WENN SIE DIE MAUS GEFRESSEN HAT, SIND WIR DRAN! DA IST ES BESSER, WENN MAN SICH RECHTZEITIG WAPPNET!
SCHLUCK!
NOCH BESTEHT HOFFNUNG! IN DIESEM AUGENBLICK SPRICHT JEMAND MIT EINFLUSS BEIM DOGEN FÜR DICH VOR!

DER MUSS ABER MUT HABEN, WENN ER SEINEN KOPF FÜR MICH RISKIERT!
DER KOPF BLEIBT DRAN. DAFÜR IST ER ZU SCHÖN. ES HANDELT SICH UM EINE GUTE BEKANNTE VON DIR...
!
... GOLD-LÖCKCHEN!
TJA...
ICH HAB MIT DEM MÄDCHEN GEREDET... UND WELCHE FRAU KANN MIR SCHON WIDERSTEHEN?... WENN ICH NUR ETWAS MEHR ZEIT GEHABT HÄTTE... DER WÄRE ICH GERN AN DIE WÄSCHE GEGANGEN...
DU BLÖDER AFFE! KANNST DU DENN IMMER NUR AN DAS EINE DENKEN?
UNGLAUBLICH! WO ANDERE EIN HIRN HABEN, SITZEN BEI DEM DIE EIER!
BERUHIGE DICH! HIER GEHT ES NICHT UM DIE EIER DEINES DIENERS, SONDERN UM DEINE EIGENEN!
DAS MÄDCHEN SETZT SICH FÜR DICH EIN. HOFFEN WIR, DASS SIE ERFOLG HAT!
FLAVIA... JA SIE HAT SICHER DIE RICHTIGEN...
33

... ARGUMENTE!
ÄH... WENN ICH EUCH RECHT VERSTEHE...
DIO! WAS FÜR EINE PRACHT!
SIGNOR C. IST UNSCHULDIG! ER HAT NICHTS UNRECHTES GETAN. ER HAT IN EINEM FAIREN ZWEIKAMPF GEWONNEN. ICH WAR DABEI, ICH HABE ALLES GESEHEN! NIEMAND DARF IHN DES FEIGEN MORDES BEZICHTIGEN!
ER HAT MICH AUCH NICHT GEGEN MEINEN WILLEN GENOMMEN! ICH WOLLTE ES!
DER KRIEGT SIE WOHL ALLE RUM! WIE GEHT DAS NUR?
ICH HABE EUCH ZWAR ANGEHÖRT, SIGNORINA, ABER ICH KANN NICHTS FÜR EUCH TUN.
DIE AKTE IST IN DEN HÄNDEN UNSERER POLIZEI. UND DORT HAT EINER EIN GANZ BESONDERES INTERESSE.
GEBT MIR SEINEN NAMEN! ICH REDE MIT IHM! ICH WERDE IHN ÜBERZEUGEN!
ACH, KIND... DIESER MANN IST DIE JUSTIZ IN PERSON. WENN ICH EINMAL EINEN FALL UNTERSCHRIEBEN HABE, KANN NICHTS IHN AUFHALTEN!
ALSO STIRBT EIN UNSCHULDIGER AUFGRUND EINES IRRTUMS?
SIGNORINA, EIN DOGE IRRT SICH NICHT!

ER IST ALSO IN GEFAHR?

OHNE MICH WÄRE ER SCHON TOT!

ES IST JA NICHT DAS ERSTE MAL, DASS ICH MICH UM IHN KÜMMERN MUSS! IMMER WIEDER SPRINGE ICH FÜR IHN IN DIE BRESCHE, RISKIERE MEIN LEBEN... ICH WUNDERE MICH, WOHER ICH DIESE KRAFT NEHME!

GEWISS IST NICHT JEDER ZUM HELDEN GEBOREN. DAZU BRAUCHT MAN REFLEXE, DAS RICHTIGE BLUT, EIN DICKES FELL...

UND VIELLEICHT AUCH IN BISSCHEN GELD?

GELD! ACH JA... WARUM HAT DER HERR KEINEN BAUM ERSCHAFFEN, AUF DEM DAS GOLD WÄCHST? SO DASS MAN ES NUR NOCH PFLÜCKEN MÜSSTE?

AN STELLE DIESES BAUMES GIBT ES EINEN ALTEN GÖNNER, DER GIACOMO HELFEN WILL!

!

SIGNOR BAGRADINO! ICH WEISS NICHT, WAS ICH SAGEN SOLL!

AM BESTEN GAR NICHTS! ICH MÖCHTE, DASS DIESE SACHE UNTER UNS BLEIBT!

ICH MAG DEN HERRN C. GERN, TROTZ SEINER VIELEN DUMMHEITEN. ER HAT DAZU BEIGETRAGEN, DASS MEIN LEBEN WIEDER FRÖHLICH WURDE. WENN ICH AN ALL DIE SCHÖNEN FRAUEN DENKE! DAS HAT MICH JUNG ERHALTEN. LEIDER GING HERR C. DANN FORT, UND SICHER ERINNERT ER SICH GAR NICHT MEHR AN DEN HERRN BAGRADINO.*

* SIEHE DIE KAPITEL 1 UND 2

ICH NEHME EUCH MORGEN BEI TAGESANBRUCH MIT. VERGESST DAS GELD NICHT!

PARMENO... WILLST DU IMMER NOCH NICHT SAGEN, WOHER DU DAS GELD HAST?

DAS DARF ICH NICHT!

SO VERSCHWINDE ICH WIE EIN GEMEINER DIEB UND MIT DEM GELD MEINES DIENERS! AH, WIE TIEF BIN ICH GESUNKEN!

ES GEHT NOCH TIEFER!

!

IST ER DAS?

ETWAS RUNTERGEKOMMEN, ABER... JA!

WAS SOLL DAS, MEINE HERREN?

AUF DEN KOPF DEINES FREUNDES IST EINE PRÄMIE AUSGESETZT! DIESER DA BERE HAT IHM EINEN KÄFIG RESERVIERT, GENAU WIE FÜR...

… SEINE WEISSE MAUS!

JA, DER KENNT KEINEN SPASS! BEI DEM LANDEN ZUM SCHLUSS ALLE IM BAUCH DER KATZE!

!?

MIMI!

GLPP!

SPRICHST DU VON MIMI? SAG SCHON!

ARGH!

ACHTUNG!

ABER... DEN WOLLTE ICH DOCH GAR NICHT...

DU IDIOT!

UNGH!

FEDERKIEL!

AAH...

SCHON GUT... NUN KONNTE ICH DIR NOCH EIN LETZTES MAL HELFEN... DAS FREUT MICH... ICH VERMACHE DIR MEINE BÜCHER, GIACOMO. PASS GUT AUF SIE AUF! EINIGE VON IHNEN HABE ICH NOCH NICHT MAL GELESEN...
MADAME DE NAVARRE... PLOTIN... MONSIEUR D'AUBIGNÉ... JUVENAL... DER ABBÉ BOILEAU... UND EINIGES VON MEINEM GELIEBTEN...
ROUSSEAU...
ICH HABE MEIN GEWEHR NACHGELADEN! UND JETZT...
AAH!
KEINE DUMMHEITEN, VERSTANDEN!?
UND SO ENDET DIESES LEBEN WEGEN EINES HIEBS, DER EINEM ANDEREN ZUGEDACHT WAR!
ES IST AUS.
38

DER MANN, DER DA GERADE GESTORBEN IST, WAR MEIN FREUND. ER HAT MIR LESEN UND SCHREIBEN BEIGEBRACHT, ALS ICH EIN STRASSENKIND UND OHNE JEDE UNTERSTÜTZUNG WAR. ICH HATTE NICHTS WEITER ALS MEINEN NAMEN...
DIESEN NAMEN HABE ICH OFT MIT DEM DEGEN IN DER HAND VERTEIDIGT. MEIN GANZES LEBEN LANG BIN ICH DER ZEIT, DEM GELD UND DEN FRAUEN NACHGELAUFEN. BEI DEN FRAUEN HATTE ICH GLÜCK, MIT DEM GELD NICHT. UND WAS DIE ZEIT ANGEHT... SIE IST FÜR JEDEN ENDLICH, GLEICH OB ER NUN HERZOG ODER BETTLER IST...
ICH WILL NICHT DER GANZEN WELT GEFALLEN, ABER ICH VERTEIDIGE MEINE FREIHEIT ZU DENKEN UND ZU HANDELN. DAS IST MEIN TEUERSTER BESITZ. NIEMAND SCHREIBT MIR VOR, WAS ICH ZU SAGEN ODER WIE ICH ZU HANDELN HABE. DIE SOGENANNTE MORAL IST MIR EINERLEI. DAS IST EINE MORAL MIT SPITZENBESATZ, EINE MORAL DER REICHEN... GEGEN DIE ARMEN.
EINEN MANN GIBT ES DA, DER VERKÖRPERT DIESE MORAL DER KATZBUCKLER GANZ BESONDERS. DIESER MANN KANN MICH NICHT LEIDEN. WENN ER MIR, WAS VORKAM, EINE HAND HINHIELT, ZÜCKTE ER MIT DER ANDEREN DEN DOLCH, UM IHN MIR INS HERZ ZU STOSSEN. DAS MUSS EINMAL EIN ENDE HABEN. MARQUIS SAN VERE, SEID AUF DER HUT! ICH KOMME!
ER NÄHERT SICH... ICH FÜHLE ES!
ES WIRD AUCH ZEIT, DASS DAS EIN ENDE FINDET...
HENKER... ÄH, ICH WOLLTE SAGEN, SIGNOR LACO, ZIEHT DEN LETZTEN STAB HERAUS!
JETZT?
JETZT!
39

HALT! LASST DIE MAUS FREI!
?
GIACOMO! ENDLICH.
IHR HABT MICH ERWARTET? NUN GUT...
ABER NICHT GUT FÜR DICH! WACHEN!
ICH WILL DEN MANN LEBEND!
ER WIRD SEINEN KOPF AUF EINEM ÖFFENTLICHEN PLATZ VERLIEREN! VOR SEINEN MÄTRESSEN, VOR DEM VOLK, DAS ICH SO HASSE!
NUR NICHT SO EILIG!
?
NOCH SITZT MEIN KOPF FEST AUF MEINEN SCHULTERN!
AAH!
40

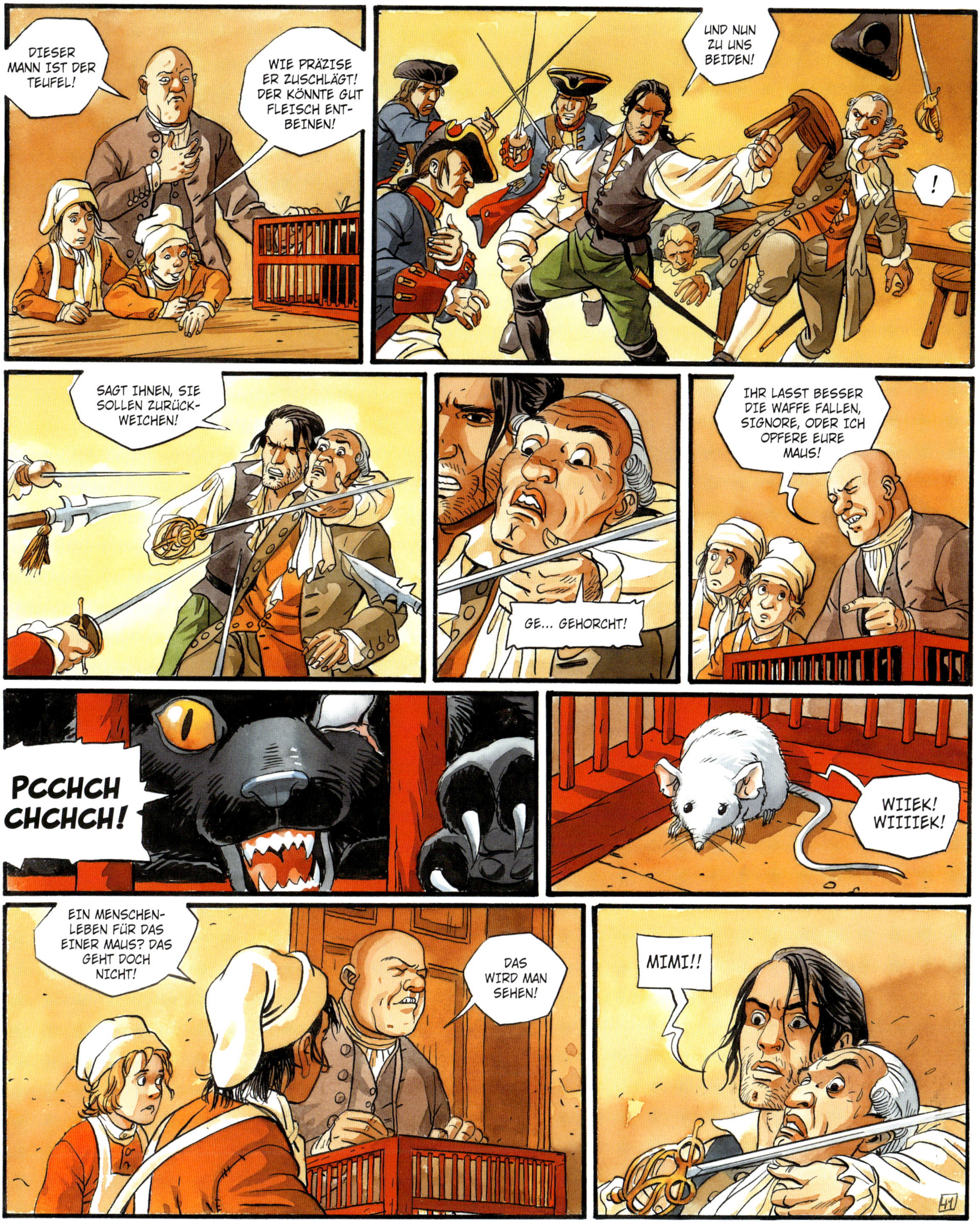
DIESER MANN IST DER TEUFEL!
WIE PRÄZISE ER ZUSCHLÄGT! DER KÖNNTE GUT FLEISCH ENT-BEINEN!
UND NUN ZU UNS BEIDEN!
!
SAGT IHNEN, SIE SOLLEN ZURÜCK-WEICHEN!
GE... GEHORCHT!
IHR LASST BESSER DIE WAFFE FALLEN, SIGNORE, ODER ICH OPFERE EURE MAUS!
PCCHCH CHCHCH!
WIIEK! WIIIIEK!
EIN MENSCHEN-LEBEN FÜR DAS EINER MAUS? DAS GEHT DOCH NICHT!
DAS WIRD MAN SEHEN!
MIMI!!

GIACOMO ERINNERT SICH...
GIACOMINO...
CATERINA...
WAS MACHST DU DENN FÜR EIN GESICHT?
ACHTE NICHT WEITER DARAUF. DAS IST NUR DIE MELANCHOLIE...
ACH JA? DU VERBIRGST DOCH WAS VOR MIR, GIACOMO!
NEIN, GLAUBE MIR...
!?
WAS IST DAS DENN!?
DAS? ACH, GAR NICHTS.
42

DAS IST MIMI. WIR HÄTTEN SIE BEINAHE ZWISCHEN UNS ZERQUETSCHT. JETZT SCHNAPPT SIE NACH LUFT... DU KANNST SIE STREICHELN, WENN DU WILLST...
SEIT WANN TRÄGST DU SIE MIT DIR HERUM?
NOCH NICHT SEHR LANGE... SEIT DEM AUGENBLICK, AN DEM ICH MERKTE, DASS ICH MICH IN DICH VERLIEBT HABE...
WENN MIR EINES TAGES ETWAS ZUSTOSSEN SOLLTE... WIRST DU DANN FÜR SIE SORGEN?
DAS VERSPRECHE ICH! DEINE KLEINE MAUS SOLL ES BEI MIR GUT HABEN!
ALSO...
AUS!
HUST! HUST!
ALSO SO WAS!
MIMI?
SIE... WIRD FREIGELASSEN.
43

DU WEISST, WAS DICH ERWARTET?
DAS UNRECHT, WIE IMMER.
GIB DIE MAUS MEINEM DIENER PARMENO, KLEINER!
EUER DIENER? UND WO FINDE ICH DEN?
ER WIRD MEINE LEICHE ABHOLEN KOMMEN.
DER... DER HENKER SOLL KOMMEN! ICH WILL, DASS DAS EIN ENDE FINDET!
SEHR WOHL.
ICH HOFFE NUR, DASS ICH DIESEN LETZTEN AUFTRITT MIT ANSTAND ABSOLVIERE!
ICH BEREUE NICHTS... WER WEISS, VIELLEICHT WÄRE ICH IN SPÄTEREN JAHREN SO GEWORDEN WIE ALLE ANDEREN...
NUN ABER STERBE ICH AUFRECHT!
TOD DURCH DEN STRANG!
44

DER STRANG... SCHADE... EIN VIEL ZU SAUBERER TOD... ABER DER SERENISSIMUS HAT ES GEWÜNSCHT, UND SO SEI ES DENN.

IN EIN PAAR STUNDEN IST ALLES VORBEI. KEINER KANN IHM JETZT NOCH HELFEN.

KEINER? DENKT DENN GAR KEINER AN MICH? AN MICH, DEN HERRN ÜBER DEN PÖBEL UND DIE BETTLER, DEN HERRN ÜBER ALLES, WAS BEISST UND KRIECHT! DEN HERRN DER STRASSE! CAVALIERE DES VOLKES, DEN RITTER DER TINTE UND DER FEDER!

MAN WAGT ES, EINEN MEINER MÄNNER ZU VERPRÜGELN, NUR WEIL ER NICHT DAS GLÜCK HATTE, VON GEBURT AN BLIND ZU SEIN? MAN WAGT ES, EINEN MEINER FREUNDE IN KETTEN ZU LEGEN? SICHER, EIN SCHLECHTER VERSESCHMIED, ABER DOCH EINE EDLE SEELE!

SIGNOR C. IM GEFÄNGNIS! ICH WERDE IHN DARAUS BEFREIEN! ICH UND MEIN VOLK, DIE ARMEN UND AUSGESTOSSENEN VON VENEDIG! KOMMT HER, IHR TAPFEREN, BEWAFFNET EUCH! IHR HABT KEINE ANGST VOR DEN MÄCHTIGEN...

DIE MACHT IST WIE DER WIND, DER AN UNS ZERRT UND ÜBER UNSEREM UNGLÜCK HEULT, DER WIND, DER DIE BETTLER UMSCHMEICHELT WIE EIN LIED! WIR WERDEN DER MACHT EIN LIED SINGEN, DAS LIED DER STRASSE!

HIER KOMMEN DIE BETTLER IN LUMPEN... IN LUMPEN... DIE VOGELSCHEUCHEN MIT DEM DEGEN AN DER SEITE, DIE IHRE FETZEN SO STOLZ TRAGEN WIE EINE FAHNE! ERZITTERT, IHR PALÄSTE! ERZITTERT, IHR KIRCHEN! HIER KOMMEN DIE BETTLER IN LUMPEN... IN LUMPEN!

BROMBOMRRO

SIE TROMMELN! WAS FÜR EINE EHRE! SO VIEL AUFWAND HAT MAN MEINETWEGEN SCHON LANGE NICHT MEHR GETRIEBEN!

WAS!? EIN AUFSTAND? UND ER NÄHERT SICH DEM PALAST?

WORAUF WARTET IHR? LASST DIE TRUPPE MARSCHIEREN! ZERSTREUT DIE AUFRÜHRER IN ALLE WINDE!

DER PÖBEL PROBT DEN AUFSTAND... WEGEN DIESES MANNES! KAUM ZU GLAUBEN!

HALT! HIER KOMMT KEINER DURCH!

PLAFF

HÖR AUF ZU PLÄRREN, UND GEH ZURÜCK IN DEINE WACHSTUBE!

VORWÄRTS, LUMPENPACK! HAUT DIE WEICHEIER PLATT!

HIER KOMMEN DIE BETTLER IN LUMPEN... IN LUMPEN... DIE VOGELSCHEUCHEN MIT DEM DEGEN AN DER SEITE, DIE IHRE LUMPEN SO STOLZ TRAGEN WIE EINE FAHNE! ERZITTERT, IHR PALÄSTE! ERZITTERT, IHR KIRCHEN! HIER KOMMEN DIE BETTLER IN LUMPEN!

NUR RASCH!

AH, DER KANDIDAT!

ICH WOLLTE EIGENTLICH MEINE SATINWESTE TRAGEN. DAS WÄRE ELEGANTER GEWESEN... ICH BIN NICHT EINMAL PARFÜMIERT!
WAS IST DENN DAS FÜR EIN LÄRM? DA WIRD DOCH GEKÄMPFT! UND GANZ IN DER NÄHE!
HENKER! WALTET EURES AMTES!
PSST! ERKENNT IHR MICH NICHT?
?
ICH BIN'S, BAROLO! WIR HABEN DEN HENKER BETÄUBT. ALLES IST BEREIT ZU EURER FLUCHT. WENN IHR FALLT, WIRD DER STRICK REISSEN.
ABER...
ES GIBT JETZT KEIN ABER!
!!
48

AARGHN!
WAS FÜR EIN SCHÖNER MOMENT!
SACKK
ABER... ABER... WAS IST DAS DENN!?
?!
VORWÄRTS, LUMPEN-PACK!
HIER-HER!
49

ERZITTERT, IHR PALÄSTE! ERZITTERT, IHR KIRCHEN! HIER KOMMEN DIE BETTLER IN LUMPEN... IN LUMPEN!
SIGNOR C.! WO IST SIGNOR C.?
HIER, UNTER MIR!
IHR SEID GERETTET, HERR!
EINEN DEGEN! ICH BRAUCHE EINEN DEGEN!
NICHTS DA! JETZT WIRD NICHT GEKÄMPFT! IHR SUCHT JETZT EUER HEIL IN DER FLUCHT!
50

JA, ICH WERDE FLIEHEN...
ABER ERST MUSS ICH...
... EINE ALTE SCHULD BEGLEICHEN!
WO WILL ER HIN?
DER HAT MAL WIEDER SEINEN EIGENEN KOPF!
ICH MUSS BEIM DOGEN VERSTÄRKUNG ANFORDERN!
AUGENBLICK, MARCHESE!
!
IHR SCHULDET MIR EINE ERKLÄRUNG FÜR EUER UNGEBÜHRLICHES VERHALTEN MIR GEGENÜBER!
EINE ERKLÄRUNG?
ICH SCHULDE DIR BASTARD EINE ERKLÄRUNG!? DU FREUND ALL JENER, DIE MICH HASSEN? DU IRRST DICH!
51

WIE DEM AUCH SEI... DER BASTARD FORDERT VON EUCH GENUG-TUUNG!
FÜR DEN NAMEN, DEN ICH TRAGE!
AAH!
FÜR MEINE WEISSE MAUS!
HAHA!
GNNH!
GUTER HIEB, MARCHESE! ICH SOLLTE EUCH NICHT UNTER-SCHÄTZEN!
ZURÜCK ZUM THEMA... DA IST NOCH EINER, DEM ICH DIE EHRE ERWEISEN WILL, IN DESSEN NAMEN ICH KÄMPFE...
!
52

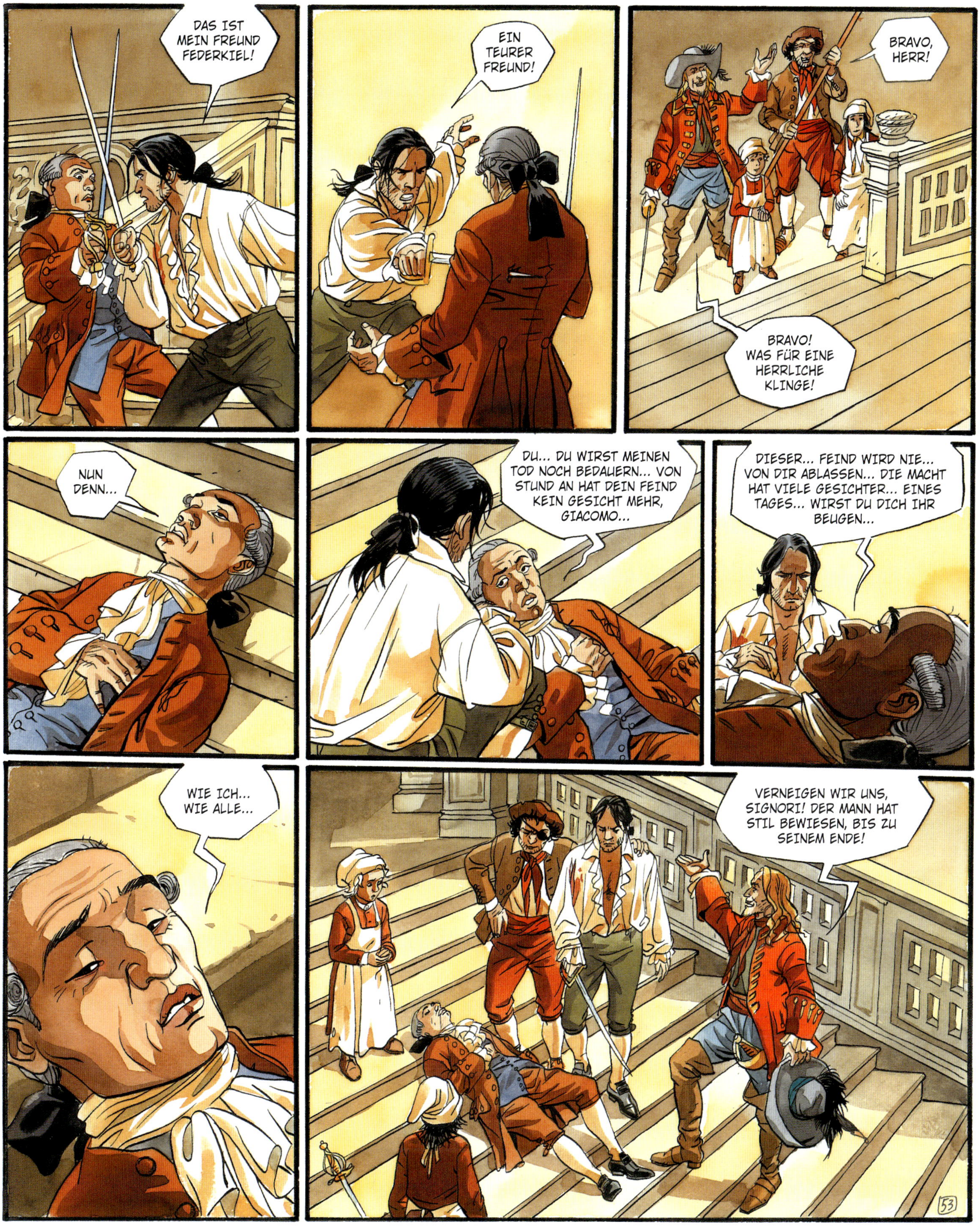
DAS IST MEIN FREUND FEDERKIEL!
EIN TEURER FREUND!
BRAVO, HERR!
BRAVO! WAS FÜR EINE HERRLICHE KLINGE!
NUN DENN...
DU... DU WIRST MEINEN TOD NOCH BEDAUERN... VON STUND AN HAT DEIN FEIND KEIN GESICHT MEHR, GIACOMO...
DIESER... FEIND WIRD NIE... VON DIR ABLASSEN... DIE MACHT HAT VIELE GESICHTER... EINES TAGES... WIRST DU DICH IHR BEUGEN...
WIE ICH... WIE ALLE...
VERNEIGEN WIR UNS, SIGNORI! DER MANN HAT STIL BEWIESEN, BIS ZU SEINEM ENDE!
53

ÄH... EURE MAUS, SIGNORE...

MIMI... VERZEIH, DASS ICH DICH ZURÜCKGELASSEN HATTE!

WIIEK!

SIGNORE, WIR HABEN GEWONNEN. EURE FREUNDE WOLLEN, DASS IHR FORTFAHRT, ABER ICH SAGE: BLEIBT HIER BEI UNS! ICH KANN EUCH VERSTECKEN, BIS DER STURM SICH GELEGT HAT. UND DANN KANN MAN IMMER NOCH ENTSCHEIDEN.

EXIL ODER VERSTECK... FAHREN ODER BLEIBEN?

WIE AUCH IMMER GIACOMO SICH ENTSCHIEDEN HAT... VON DIESEM TAG AN VERLIERT SICH JEDE SPUR VON IHM. DAS LUMPENPACK KEHRT WIEDER IN DIE GASSEN ZURÜCK, SEIN LIED LIEGT NOCH IN DER LUFT. DER SERENISSIMUS BEKLAGT DEN TOD SEINES TREUEN DIENERS, DES MARCHESE, ABER SEIN ZORN GEGEN SIGNOR C. HAT KEINE LANGE DAUER. EIN JEDER AHNT ES: VENEDIG OHNE GIACOMO... IST DAS NOCH DAS ALTE VENEDIG?

SZENARIO: DUFAUX   ZEICHNUNGEN: GRIFFO

ENDE

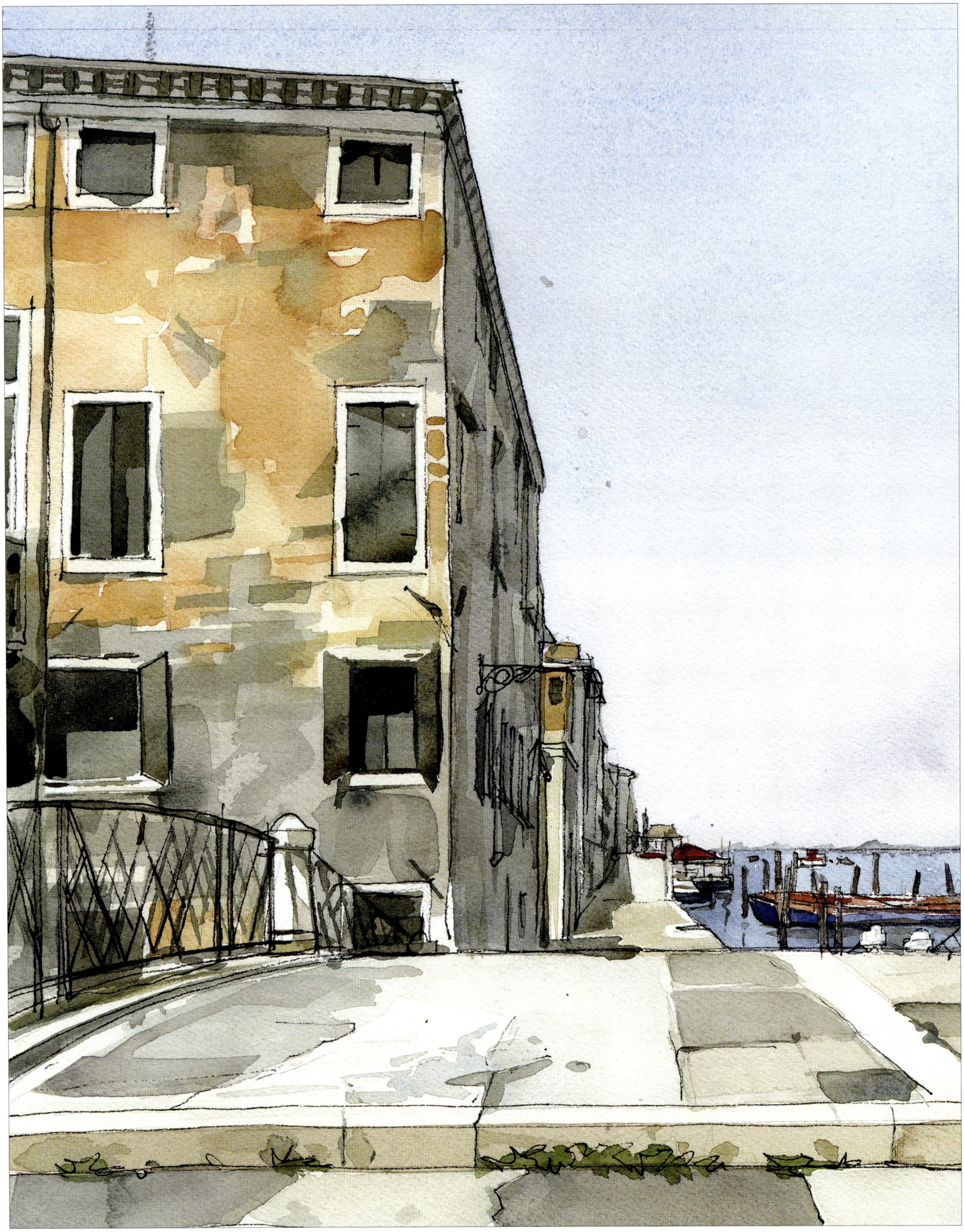

Ein lebendiges, ein sinnliches Venedig

Nach genau siebzehn Jahren war im Mai 2005 der erste Zyklus von »Giacomo C.« vollendet – ein beeindruckendes Werk von über 700 Seiten, das, soweit es das Genre des Historiencomic und die Epoche der Mitte des 18. Jahrhunderts angeht, in der Comicliteratur unerreicht sein dürfte. Der Zeichner Griffo schuf quasi im Alleingang fünfzehn Alben, lediglich unterstützt bei der Kolorierung durch seine Lebensgefährtin Anaïs. Was bleibt, ist ein lebendiges, sinnenfrohes Bild vom Venedig des Rokoko, einer quirligen Stadt voller Intrigen und Amouren.

Am Schluss der Geschichte lässt Jean Dufaux noch einmal alle Figuren, die die vorhergehenden Kapitel geprägt haben, an den Bühnenrand treten. Der Marquis San Vere zeigt endlich sein wahres Gesicht. Er ist der erklärte Feind Giacomos, den er wegen einer alten Schuld in der Hand hat. Der eitle, machtbewusste Polizeichef hat den Abenteurer immer wieder herangezogen, wenn Drecksarbeiten zu erledigen waren; Giacomo hasst ihn dafür. Nun will San Vere den unberechenbaren Störenfried ganz aus der Welt schaffen. Doch Giacomo ist zunächst nicht aufzutreiben: Ein gehörnter Ehemann hat ihn gefangengesetzt, um sich an ihm zu rächen.

Als der Obrigkeit schließlich doch der Zugriff auf den Gesuchten gelingt, sind es Giacomos Freunde, die ihm aus der Bredouille helfen. Der Bettler Zippo verschafft ihm eine Gelegenheit zur Flucht, die Mädchen im Bordell der Signora Aquali freuen sich wie stets, Giacomo beherbergen zu dürfen. Der treue Diener Parmeno überredet Signor Bagradino, den früheren Gönner des Abenteurers, das Geld für die Flucht zu spenden. Doch noch lauert der Feind auf seine Chance (und das ausgesetzte Kopfgeld). Es kommt zum Kampf, den Giacomo nur übersteht, weil sich sein alter Freund Federkiel dazwischenwirft und den für Giacomo bestimmten Hieb auffängt. Am Ende muss der Held sich doch ergeben. Er tut es, um die kleine weiße Maus Mimi zu retten – das Geschenk seiner großen Liebe Caterina, die wir in den ersten beiden Kapiteln der Serie kennengelernt haben.

Und noch eine Figur, die immer wieder eine Rolle in Giacomos Leben spielt, hat im Abschlussband ihren Auftritt: der Cavaliere, der die ihm unterstehenden Bettler und Kriminellen der Stadt zum

Auf der gegenüberliegenden Seite ein Aquarell, das Griffo 2017 bei seinem ersten(!) Venedigbesuch schuf. Es zeigt das Haus, in dem die Mutter und zwei Schwestern des Giacomo Casanova lebten – von außen unscheinbar und unansehnlich (Foto oben), aber doch im Inneren mit Prunkräumen ausgestattet.

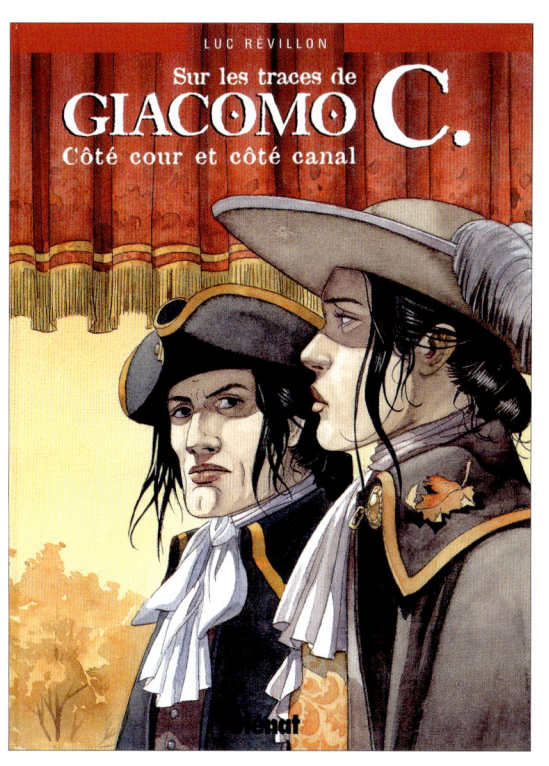

»Sur les traces de Giacomo C.« war 2002 einer der ersten Versuche des comicbegeisterten Luc Révillon, »hinter die Kulissen« zu sehen, eine Serie zu erläutern und sogar zu ergänzen. Für diesen Band im Albenformat hatte er die »Erinnerungen« von Giacomos Diener Parmeno festgehalten, gefolgt von dem Versuch, die Vorlagen des Zeichners zu ergründen. Damit war Révillon der Auslöser für die redaktionellen Beiträge in unserer Gesamtausgabe.

Nicht nur Canaletto, auch moderne Maler haben die Feder des Zeichners von »Giacomo C.« inspiriert. Oben ein Bild von Rubens Santoro von ca. 1900; daneben Griffos Adaption der dargestellten Kanalszene.

Auf der gegenüberliegenden Seite ein vom Motiv her ähnliches Aquarell, das Griffo während seines Venedig-Besuchs malte.

Marsch auf das Gefängnis anstiftet. Noch einmal kann Giacomo den Kopf aus der Schlinge ziehen. Es kommt zum Showdown zwischen ihm und dem Marquis – und es kommt zu der bereits geplanten Flucht. Der Held muss seine Heimatstadt verlassen. Die Geschichte endet mit den Worten: »Venedig ohne Giacomo... ist das noch das alte Venedig?«

Im letzten Kapitel, dem Abschluss des ersten Zyklus, zeigt der Autor noch einmal sein ganzes Geschick. Nicht nur, dass er mit dem Auftritt aller Schlüsselfiguren seinen Comic festzurrt, so dass der Leser endgültig das Gefühl bekommt, es handele sich bei »Giacomo C.« nicht um eine der üblichen Albenserien, sondern um ein von vornherein geplant inszeniertes Ganzes, einen veritablen Comicroman in fünfzehn Teilen – bewundernswert ist auch die Dramaturgie, das Hin- und Herspringen zwischen den Fäden der Handlung. Als neues Erzähl-Element kommt der innere Monolog der Figuren hinzu: auf den Marchese San Vere folgen der Schreiber Federkiel, der Bettler Zippo, Giacomo und schließlich der Cavaliere, die in jeweils vier Panels ihre persönliche Einschätzung der Lage geben.

Trotz teilweise dramatischer Geschehnisse, die den Protagonisten mit Folter, Gefangennahme und Flucht konfrontieren, der Vorbereitung seines Exils und schließlich der Entscheidung, das eigene Leben hinter das der Maus Mimi zu stellen, ist auch dieses Kapitel durchsetzt von feinem Humor. Damit behält »Giacomo C.« die Leichtigkeit, die überhaupt die ganze Serie geprägt hat. Das Rokoko, wie Dufaux und Griffo es schildern, ist eine berauschende Epoche von Sinnenfreude und Großzügigkeit – so ganz anders als ein anderer, etwa zur gleichen Zeit spielender Comic, »Venezianische Affären« (»Les suites vénétiennes«) von Warnauts und Raives. Die Autoren/Zeichner dieser Serie geben sich wohl auch große Mühe, dem Leser den Ort der Handlung anhand der bekannten Bilder zugänglich zu machen. Ihr Venedig ist allerdings überwiegend ein düsteres; es sieht aus, als sei an der Lagune jeder Tag ein Regentag.

Auch in »Giacomo C.« gibt es Tragödien und Niederlagen, und doch bleibt dem Leser der Eindruck einer hellen, einer sonnendurchfluteten Stadt, in der die Lebensfreude nie unterliegt und in der jeder Mensch den ihm eigenen Weg findet.

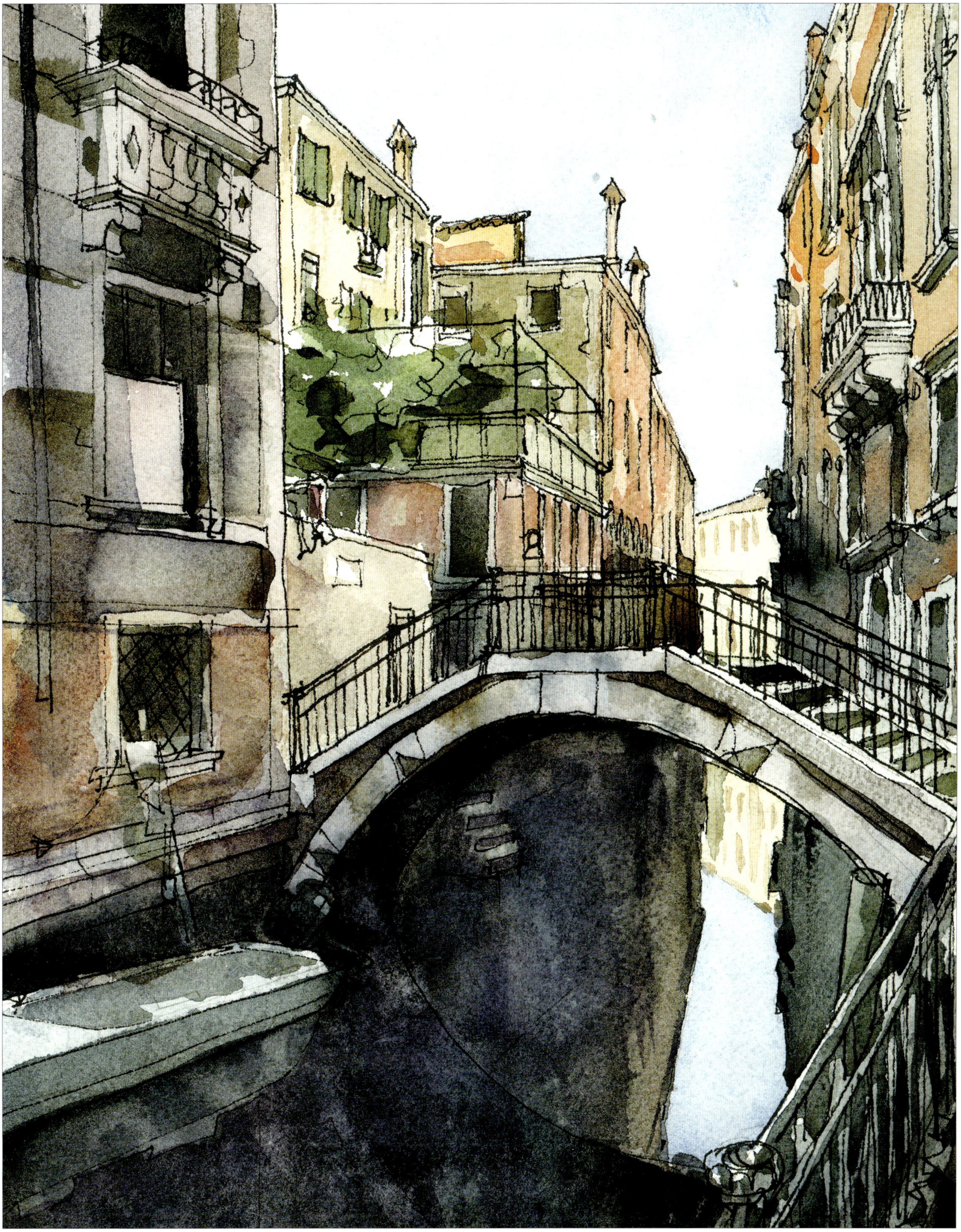

Tücke des Objekts

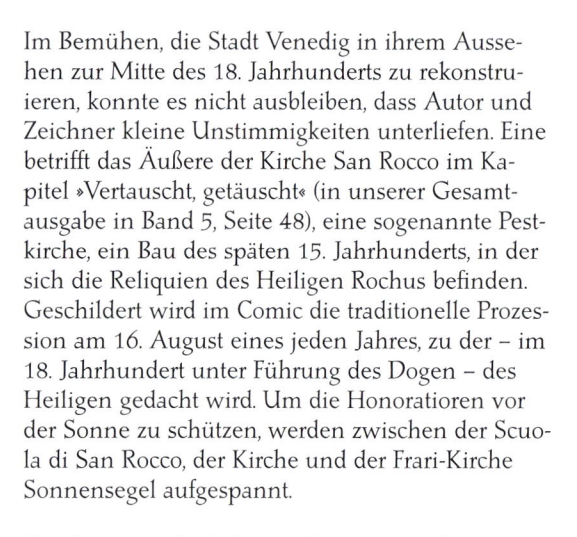

Im Bemühen, die Stadt Venedig in ihrem Aussehen zur Mitte des 18. Jahrhunderts zu rekonstruieren, konnte es nicht ausbleiben, dass Autor und Zeichner kleine Unstimmigkeiten unterliefen. Eine betrifft das Äußere der Kirche San Rocco im Kapitel »Vertauscht, getäuscht« (in unserer Gesamtausgabe in Band 5, Seite 48), eine sogenannte Pestkirche, ein Bau des späten 15. Jahrhunderts, in der sich die Reliquien des Heiligen Rochus befinden. Geschildert wird im Comic die traditionelle Prozession am 16. August eines jeden Jahres, zu der – im 18. Jahrhundert unter Führung des Dogen – des Heiligen gedacht wird. Um die Honoratioren vor der Sonne zu schützen, werden zwischen der Scuola di San Rocco, der Kirche und der Frari-Kirche Sonnensegel aufgespannt.

Es gibt eine recht bekannte Darstellung dieses Festes vom Maler Canaletto, das in den 1730er Jahren entstand. Just dieses Bild hatte Griffo aber nicht zur Hand. Er stützte sich auf ein Bild Gabriele Bellas aus den 70er Jahren – man sieht das nicht nur am gewählten Bildausschnitt, sondern auch an der neuen Fassade der Kirche, die bei Canaletto noch im Rohzustand ist. So muss sie auch um 1750 noch ausgesehen haben. Die heute sichtbare Fassade wurde erst zwischen 1765 und 1771 errichtet und stammt von Bernardino Maccarucci – rund zwanzig Jahre nach der Zeit von »Giacomo C.«.

Das Foto oben zeigt den heutigen Zustand der Kirche und der Scuola von San Rocco. In der Bildmitte das Gemälde von Gabriele Bella, unten die Darstellung von Canaletto mit der Kirche am rechten Bildrand.

Die deutsche Gesamtausgabe

Zwar wurde »Giacomo C.« bald nach dem ersten Erscheinen in einige Sprachen übertragen (Niederländisch, Spanisch, Italienisch und Deutsch), in seinem Ursprungsland Frankreich aber ließ die Nachfrage nach, sobald es die Vorpublikation in der Comiczeitschrift »Vécu« nicht mehr gab und damit die Möglichkeit, die Serie aus der Flut der Neuerscheinungen herauszuheben. Der Zeichner Griffo entwickelte sich künstlerisch weiter, und doch versuchte er in »Giacomo C.« lange Zeit, seinen Zeichenstil nur moderat zu verändern. Die treuen Leser hätten größere Abweichungen möglicherweise nicht toleriert.

So wurde die Serie im Laufe ihrer langen Veröffentlichungszeit zusehends altmodisch. »Giacomo C.« ist ein Comic der 80er Jahre und gehörte damals zu den Glanzlichtern des gerade in Mode gekommenen Historiencomic. Beim Originalverlag Glénat erfuhr die Serie indes nicht die Aufmerksamkeit wie andere Titel dieses Genres (»Reisende im Wind«, »Die 7 Leben des Falken«). War vielleicht der Umfang schuld daran, dass in Frankreich nie der Versuch gemacht wurde, die 15 Bände zusammenzufassen?

Die deutsche Gesamtausgabe des ersten Zyklus ist bisher einzigartig. Sie ist auch insofern einzigartig, als man hier – von den frühen Ansätzen Luc Révillons abgesehen – in einem redaktionellen Anhang die Serie erstmals in den historischen und künstlerischen Kontext einordnete. »Giacomo C.« ist keine Reihung voneinander unabhängiger Abenteuer, es ist eine von einem komplexen Gesamtzusammenhang getragene Erzählung, ein Comicroman.

Die ersten drei Alben der Serie erschienen 1989 bis 1992 auf deutsch zunächst im Feest Verlag, damals noch in der ersten, bis 2003 verwendete Kolorierung. Von 2001 bis 2013 kamen dann alle 15 Alben der Serie neu bei comicplus+ heraus.

Links: Der San Marco gegenüberliegende Komplex mit der Dogana und der Kirche Santa Maria della Salute bildete das Hintergrundmotiv für das Cover von Band 1 der Albenausgabe. Wir sehen das Dekor auch auf Seite 92 dieses hier vorliegenden Bandes.

Rechts die Cover von vier Bänden der bisher letzten italienischen Ausgabe von »Giacomo C.«. In Italien, dem Handlungsort der Serie, gab es lange keine vollständige Übersetzung des Stoffes, doch dann erfolgte ab 2000 ein Vorabdruck sämtlicher Abenteuer in dem Magazin »Lanciostory«. Einige wenige Alben waren bei Glénat Italia und Lizard verlegt worden, bevor der Verlag Editorial Cosmo 2012 mit der Herausgabe einer siebenbändigen Kioskfassung begann.

Unten der erste und der letzte Band der französischen Albenausgabe im neuen Coverdesign.

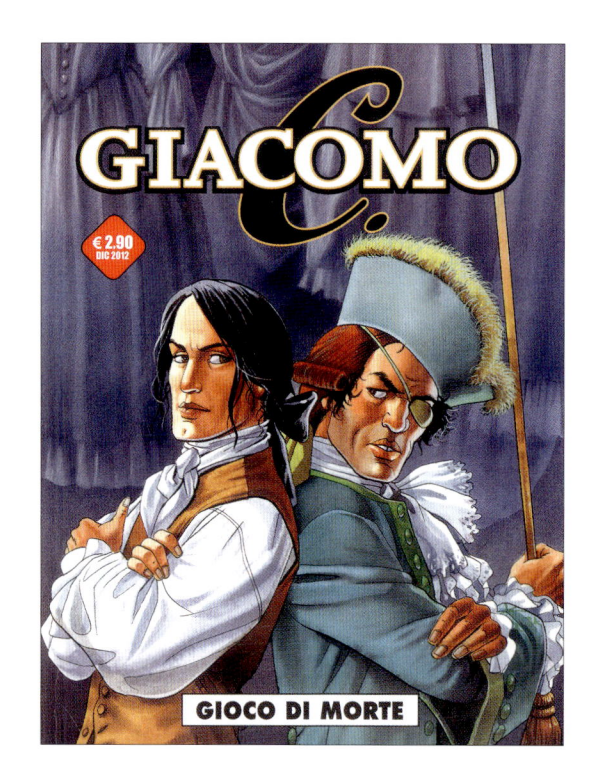

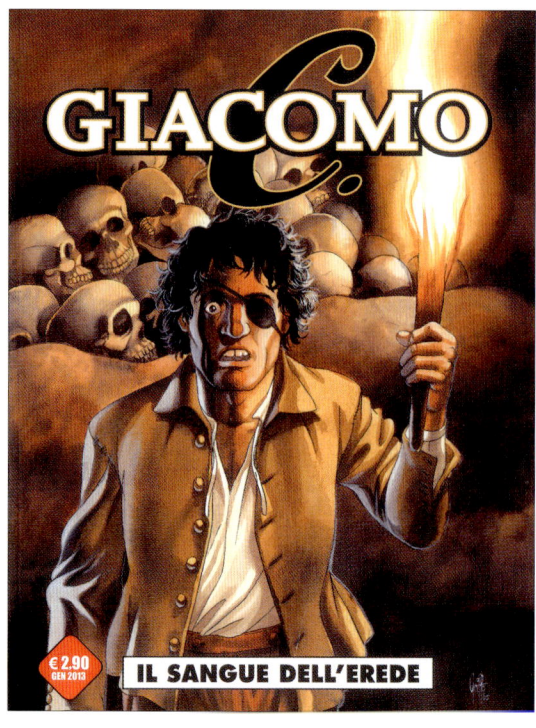

Ein neues Gesicht

Zu Beginn des neuen Jahrtausends bat der französische Verlag Glénat den Zeichner Griffo um neue Cover für die anstehenden Neuauflagen der Alben. Damit bekam die Serie äußerlich zwar ein einheitliches Design, der Stil der Cover entsprach allerdings nicht mehr dem des Inhalts.

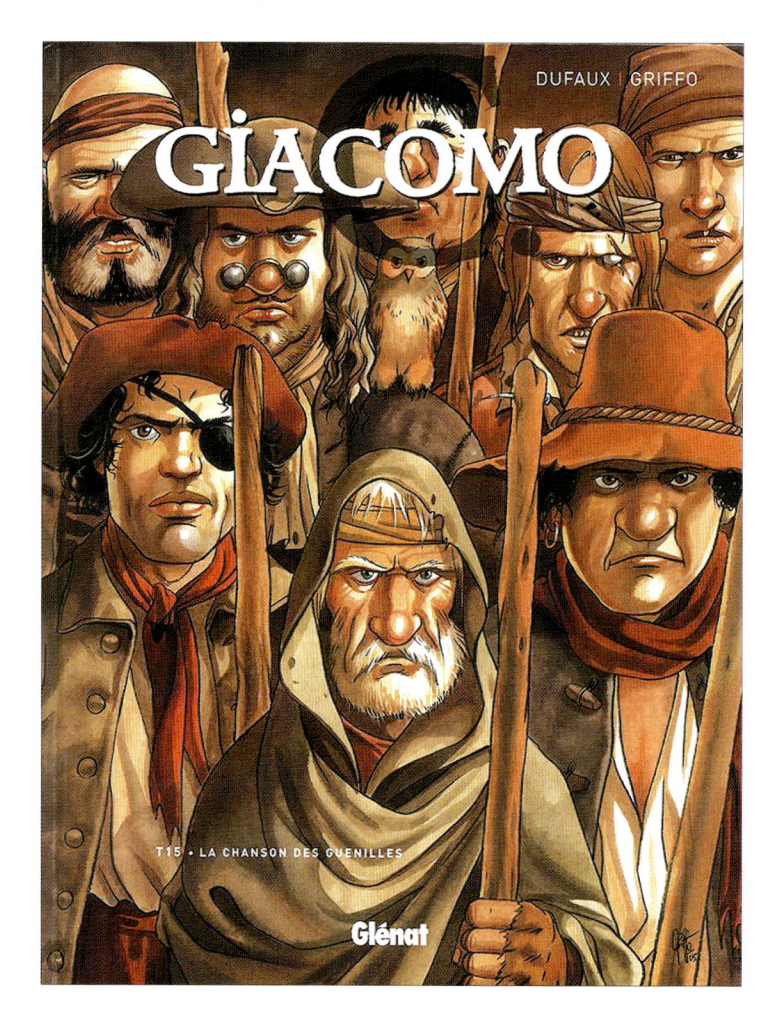

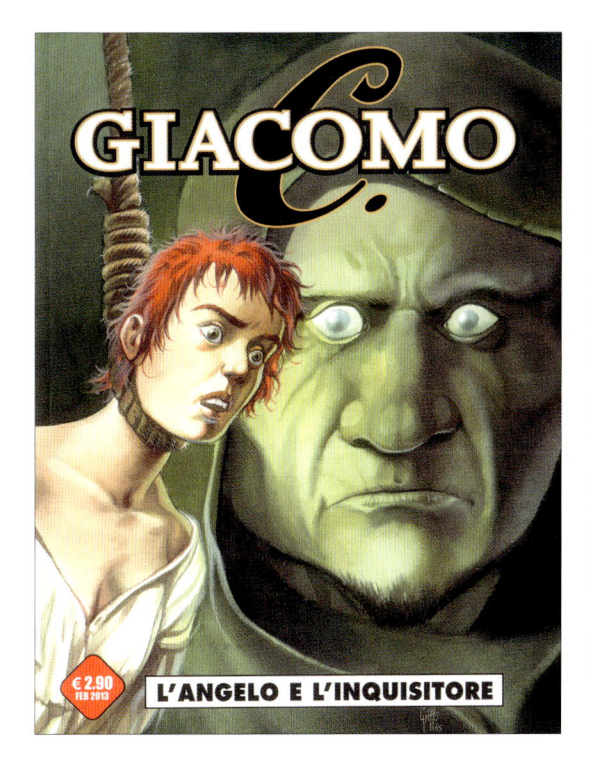

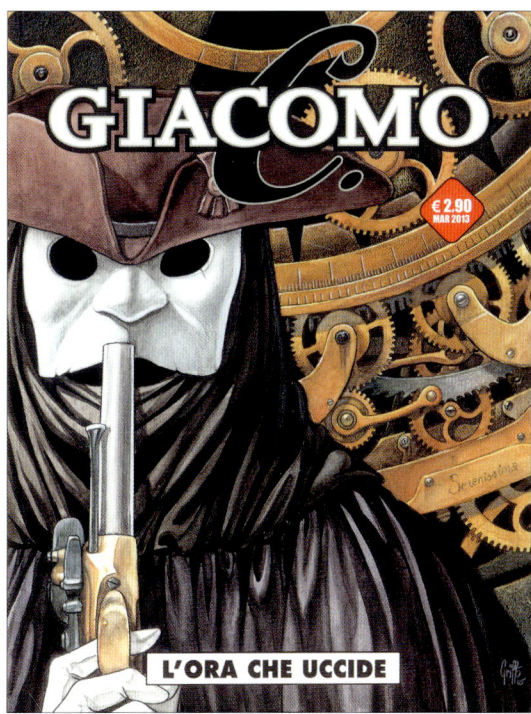

Die bei Editorial Cosmo monatlich erschienenen, kleinformatigen Bände (im »Bonelli-Format«) enthielten jeweils zwei Originalben und verzichteten, wie das der italienische Käufer am Kiosk gewohnt ist, auf die Farbe. Man mag das als Manko sehen, doch kommen hier die Zeichnungen Griffos ganz gut zur Geltung. Alle Bände verwenden die neuen, nach der Jahrtausendwende von Griffo entworfenen Cover.

Giacomos Zeitgenossen

Die Serie »Giacomo C.« spielt um das Jahr 1750 herum. Damals regierte der Doge Pietro Grimani (1677-1752; Doge von 1741 bis 1752), der um die Jahrhundermitte bereits ein Greis war, nicht zu vergleichen mit dem Dogen, den Dufaux und Griffo ihren Lesern präsentieren. Auch Grimanis Nachfolger Francesco Loredan (1685-1762; Doge von 1752 bis 1762) stand bei seiner Wahl – wie die meisten Dogen dieser Zeit – bereits in hohem Alter. Dufaux und Griffo zogen es vor, ihren Dogen zu »verjüngen«. Ihre Darstellung entsprach einem Porträt des Prokurators Girolamo Querini, gemalt von Sebastiano Bombelli und abgebildet in Band 1 unserer Gesamtausgabe – ein Mann in seinen besten Jahren, dem man sowohl Tatkraft zutrauen würde als auch eine Affäre mit einer englischen Abenteuerin.

Im 18. Jahrhundert befand sich die Serenissima politisch zwar im Niedergang, die Stadt erreichte aber eine große kulturelle Bedeutung. Mit Ausnahme des Komödiendichters Carlo Goldoni (1707-1793) lässt Jean Dufaux die Künstler jener Epoche unerwähnt. Zu nennen wären in erster Linie die Maler: Giovanni Antonio Canal, genannt Canaletto (1697-1768), Pietro Longhi (1702-1785), Francesco Guardi (1712-1793), Bernardo Bellotto (1721/22–1780) und Giandomenico Tiepolo (1727-1804). Einige ihrer Werke dienten Griffo bei der historischen Rekonstruktion Venedigs als Vorlage.

Zu den Zeitgenossen Giacomo C.s (und seines Vorbilds Giacomo Casanova, 1725-1796) zählten ebenfalls die Komponisten Antonio Vivaldi (1678-1741) und Tomaso Albinoni (1671-1751), deren Musik den Rahmen des venezianischen Rokoko geliefert haben dürften. Das Venedig des 18. Jahrhunderts war nicht nur eine Stadt der Theater, sondern auch der Konzertsäle.

Der Doge Pietro Grimani  | Canaletto  | Antonio Vivaldi  | Carlo Goldoni

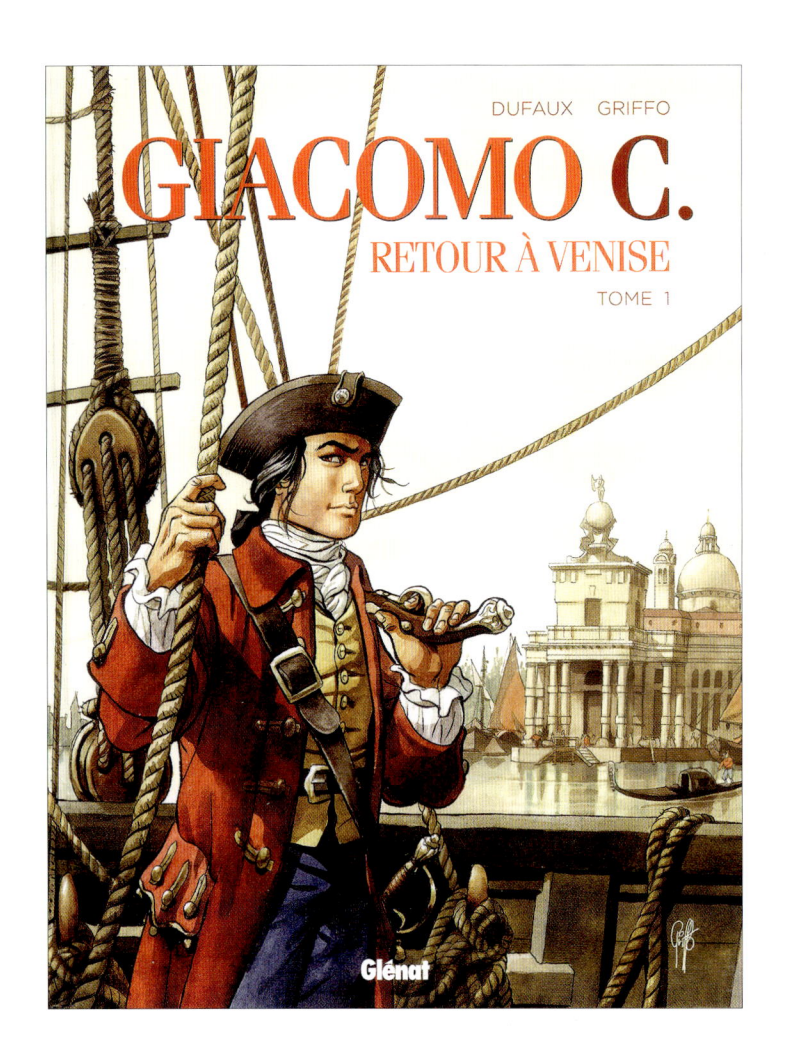

Die Rückkehr nach Venedig

Unten das Cover der französischen Zeitschrift »L'Immanquable«, in der »Retour à Venise« 2017 zum Vorabdruck gelangte.

Auf der gegenüberliegenden Seite ein Ausschnitt aus Band 1 der Wiedergeburt Giacomo C.s.

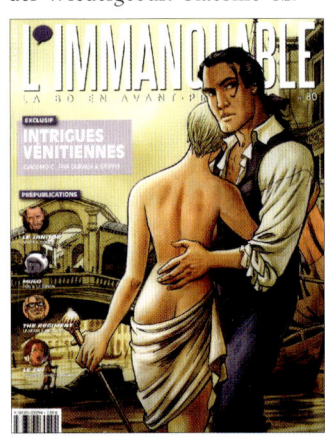

»Exil oder Versteck... fahren oder bleiben?« hatte sich Giacomo am Ende des ersten Zyklus gefragt, nachdem er seinen Widersacher, den Polizeichef San Vere, im Duell getötet hatte. Wie das literarische Pendant Giacomo Casanova hatte sich Giacomo C. für das Exil entschieden, und wie Casanova kehrte auch er nach vielen Jahren in seine Heimatstadt zurück, um der Polizei zuzuarbeiten.

Zwölf Jahre sollte es nach Abschluss des Kapitels »Die Maus in der Falle« dauern, ehe Jean Dufaux und der Zeichner Griffo sich daranwagten, den Faden wiederaufzunehmen. Denn ein Wagnis war es auf jeden Fall: Würde es die alte Leserschaft der Serie noch geben, konnte man gar mit neuen Lesern rechnen? Würden diese Leser einen gewandelten, innerlich gereiften Giacomo akzeptieren, und vor allem: Würden sie akzeptieren, dass sich Dufaux und Griffo in diesen zwölf Jahren künstlerisch verändert hatten?

Für die Handlung von »Giacomo C.« war der Zeitraum des Exils kürzer: Nur fünf Jahre war der Abenteurer fort. Nun lässt er sich also wieder in Venedig sehen, und sofort macht das Gerücht die Runde, Giacomo habe die Seiten gewechselt; er diene jetzt der Obrigkeit. Seine alten Freunde sind fassungslos, sehen in ihm einen Verräter. Doch Giacomo hat seine Gründe: Es gilt, einen Gegner der Republik zu entlarven, der dem höchsten Gremium der Stadt, dem Rat der Zehn, angehören soll.

Der Comic wurde 2017 in den Magazin »L'Immanquable« vorabgedruckt. Angelegt ist der neue Zyklus auf lediglich drei Alben, von denen zwei bereits erschienen sind. Die Kolorierung, ausgeführt vom Zeichner selbst, bringt es mit sich, dass »Giacomo C.« jetzt dunkler und gleichzeitig unruhiger wirkt, als man das von den Höhepunkten des ersten Zyklus her gewohnt war. Venedig ist das Leichte, Luftige abhanden gekommen. Damit spiegelt die Zeichnung in gewisser Weise den Inhalt, denn auch Dufaux setzt in »Rückkehr nach Venedig« auf das Handfeste, auf die Aufklärung der Intrige. Es fehlt der Humor, der den ersten Zyklus durchzogen hatte. So möchte man fast meinen, dies sei nun ein anderer Comic – das Venedig, in das Giacomo C. zurückkehrt, ist ein anderes geworden.

* COMMISSION DE 40 PATRICIENS QUI JUGEAIT LES CRIMES LES PLUS GRAVES.

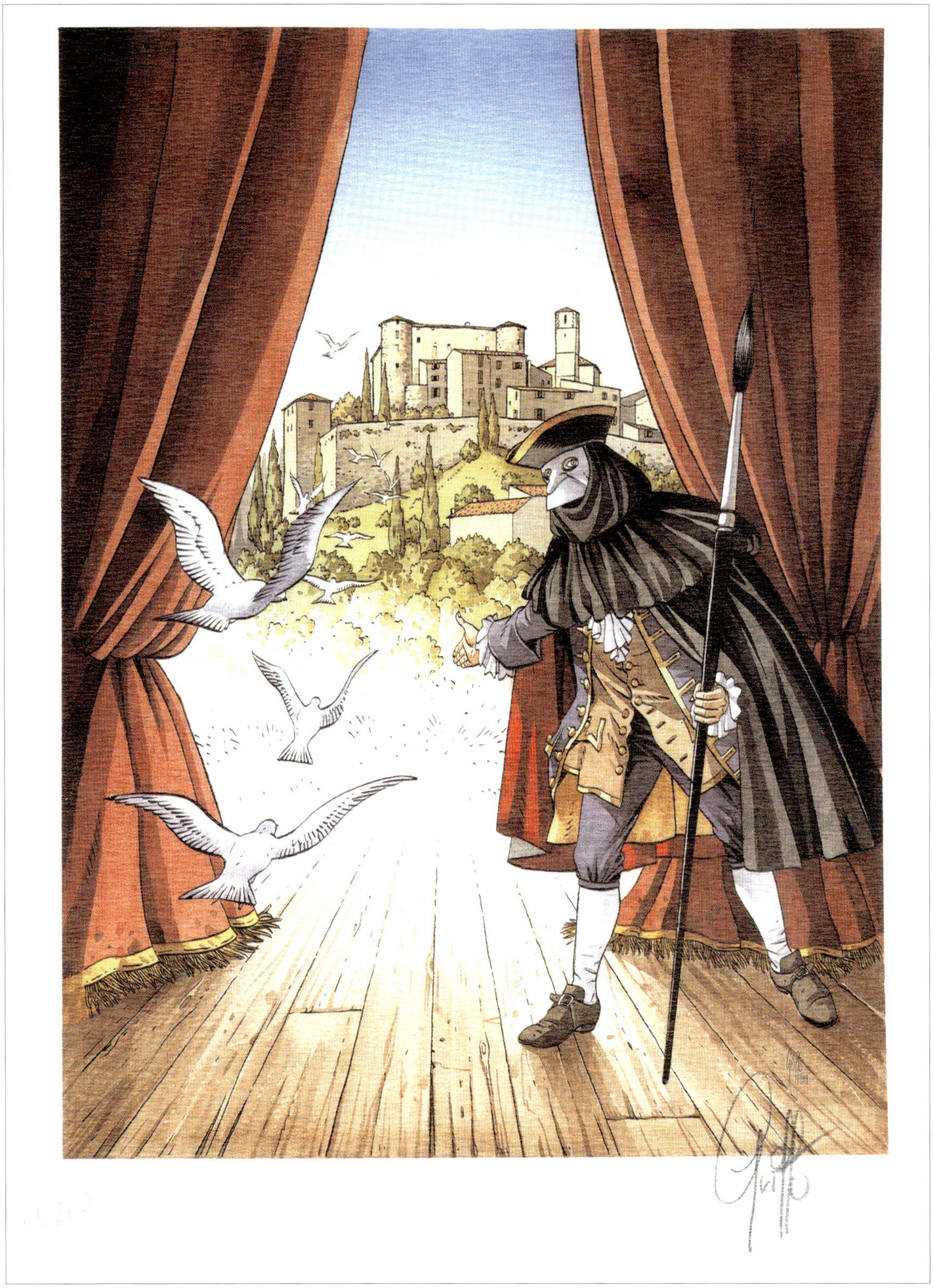